日本の優れたサービス

選ばれ続ける6つのポイント

松井拓己・樋口陽平 著　　サービス産業生産性協議会 協力

生産性出版

はじめに

日本には選ばれ続ける優れたサービスがたくさんあります。

・出発前にすでに感動が生まれているクルーズトレイン
・人間と動物の関係を逆転させて生まれ変わった動物園
・森に入り木を選んで自分で切るところから始まる家づくり
・都会の生活者に生存実感をも与える食べ物つき情報誌
・地域ブランドの象徴となり世界中から訪問者が絶えない日本文化体験

これらは、本書で紹介するサービスのほんの一例です。一方で、サービス向上をいくらがんばっても「顧客が増えない」「周囲からの理解が得られない」「活動が続かずに消えてしまう」「今後どのように取り組めばいいのかわからない」……このような悩みを抱えるサービス事業者が多く存在することも事実です。優れたサービスを実現し、成果を出している事業者と、サービス向上に行き詰まっている事業者の差はどこにあるのでしょうか。

本書では、優れたサービスを表彰する「日本サービス大賞」の受賞サービスを事例に、業種やジャンルの枠を越えて活かせる、優れたサービスを実現するためのポイントを明らかにします。事例を表面的に見るだけではなく、サービスの本質を理解して、論理的にひも解くことで、みなさんのサービスに活かせるヒントがきっと見つかるはずです。

「これこそ、私が本当にやりたかったことです」

筆者の松井がサービス改革でご一緒した方々は、よくこう話してくださいます。サービス改革の専門家として幸せを実感する瞬間です。サービスは「顧客と一緒につくるもの」です。だからこそ、サービス事業に関わる方々は、顧客に喜んでもらいたいという思いで懸命にサービスを磨いています。もちろんサービスを磨くことが、自社の事業成長と従業員のやりがいにもつながる必要があります。さらに、そのサービスを通して、地域や社会が良くなっていくという希望が持てると、周りからの支持や応援につながります。

顧客、従業員、事業、地域や社会、その誰かが犠牲になるのではなく、四者がお互いに価値を感じ、顧客や周囲からの応援をいただきながら成長したいものです。「私が本当にやりたかったこと」という言葉には、これと同じような思いが込められているように感じます。

しかし、熱い思いはあっても、サービス向上を組織的に進めようとした途端、議論がかみ合わなかったり、闇雲に取り組んで、行き詰ってしまったりと、「壁」にぶつかることが多いものです。取り組みの目的や状況によってさまざまな壁があります。筆者はこの「壁」を、建前の壁、情熱の壁、顧客不在の壁、闇雲の壁、実行の壁、継続の壁、ととらえています。これらの壁を乗り越え、優れたサービスを実現するための「次の一手」を見出したいという思いで、私たちは本書を執筆しました。筆者の樋口は2015年にスタートした「日本サービス大賞」の創設と第1回表彰までの運営を通じて、日本を代表するような優れたサービスの数々を目の当たりにしてきました。そこで感じて学んだこと、松井のサービス改革の専門家としての知見やこれまでのサービス改革の実践経験、二人による追加取材などを踏まえて、受賞事例をひも解いていきます。

本書でみなさんに最もお伝えしたいことは、優れたサービスを生み出し選ばれ続けるための6つのポイントです。

①事前期待を中心に据える
②信念を原動力にする

③進むべき道を示すサービスシナリオを描く
④サービスプロセスを組み立てる
⑤共創型サービス人材を育成する
⑥価値ある成果を実感する

これらのポイントを、サービスの本質を踏まえて論理的に解説していきます。

本書の構成は、序章でサービス向上の取り組みを阻害する「壁」について解説します。第1章では、優れたサービスを表彰する「日本サービス大賞」を紹介します。第2章からは、第1回日本サービス大賞を受賞したサービスの事例を交えて、優れたサービスを生み出し、選ばれ続けるための6つのポイントを解説します。終章では、これら6つの要素を継続的にスパイラルアップさせていく方法を説明します。巻末には日本サービス大賞の受賞サービス全31件を6つのポイントに分解した一覧表をつけています。

最近では、日本サービス大賞に限らず、うれしいことに優れたサービスの事例に触れる機会が増えています。しかし、事例だけ聞いても、業界も職種も違うため何を活かしたらいいのかわからない、といった声が多く聞かれます。事例をそのまま真似しようとして、自分たちの大切な価値観や強みまで捨ててしまうのは間違いです。その事例からサービスの本質をとらえなければ、うまく活用できないのは当然です。そこで本書では、サービスの事例そのものを紹介するだけではなく、サービスの本質的な考え方や視点で、そのサービスの優れた部分を切り取って解説しています。

優れたサービスの事例をひも解くことで、今後に活かせる気づきを得ていただければ幸いです。そして、事例に学ぶばかりではなく、今度は自分たちが成功事例をつくる側として、「本当にやりたかったこと」を成し遂げるきっかけになればこのうえない喜びです。

２０１７年５月吉日

松井拓己・樋口陽平

目次

第1章　優れたサービスを表彰する「日本サービス大賞」

序章

サービス事業に潜む6つの壁

優れたサービスを実現するステップ

現在、日本のGDPと雇用の7割超はサービス産業が生み出しています。また、製造業も、「製造業のサービス化」が重要な経営課題になっています。さらに、1次産業においても、2次産業、3次産業との融合による「6次産業化」により、サービス事業に乗り出そうという動きが盛んです。そのような中で、日本のサービスの生産性向上が長年の課題とされてきました。しかし、「生産性」といっても効率化や省力化に力点を置いた取り組みが多いのが実態です。もちろん、効率的にサービス事業を運営することはとても大切ですが、それだけでは、これからの厳しいビジネス環境を生き抜いていくことは難しくなってきています。

そこで、真の意味での生産性向上に関心が高まっています。それは、サービスの価値を高めることです。サービスの価値を高めることで、顧客からの評価を得て、他社に圧倒的な差をつけ、選ばれ続ける事業になる。これを目指して、熱心に取り組み始めるサービス事業者が増えています。顧客から高い評価をいただける「優れたサービス」が必要とされる時代がやってきているのです。

得点の多いサービスにステップアップする

優れたサービスを実現することは簡単ではありません。サービスを磨き上げるためのステップを図表1に整理しました。下から順に、「失点の少ないサービス」から「得点の多いサービス」へとステップアップし、そこから「感動を生むサービス」につながります。そして、これらを通して「日本や業界を代表する優れたサービス」が生まれてくるのです。ここでいう「失点」や「得点」とは、顧客からのサービスに対する評価のことを指します。失点とは、顧客からのクレームや不満であったり、顧客をがっかりさせて

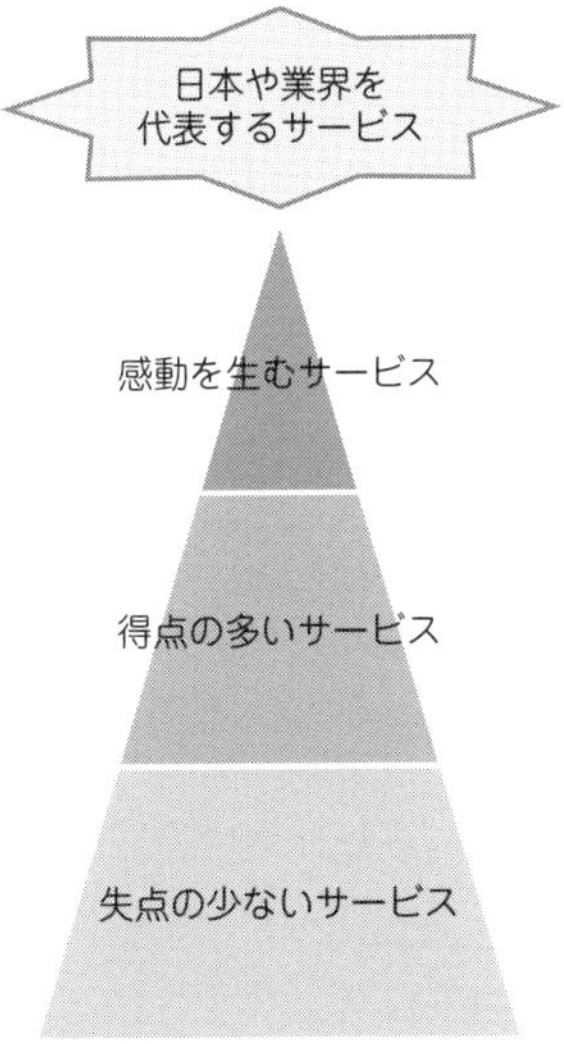

図表１　サービスを磨き上げるためのステップ

しまうことです。一方で得点とは、顧客の満足感やお褒めの言葉、このサービスを利用して良かったと思っていただけることです。優れたサービスを実現するには、このステップアップに挑戦する必要があります。

優れたサービスを阻む6つの壁

一般的に、サービス向上の取り組みは、顧客の不満やクレームに着目して、失点をなくす取り組みに終始してしまいがちです。もちろん、失点をなくす努力は欠かせません。クレームが頻発している状況では、サービス事業はうまくいきません。優れたサービスの第一歩は、失点をなくす努力から始まるといえます。しかし、失点の少ないサービスというだけでは、顧客に喜んでいただくことはできません。失点が少ないことは、顧客にとっては当たり前なのです。そこで今、「失点の少ないサービス」から「得点の多いサービス」へのステップアップに取り組むサービス事業者が増えています。顧客からの評価を今まで以上に高めたり、今までにないサービスを生み出すことで、顧客から選ばれ続けるサービスに生まれ変わろうとしているのです。

しかし、得点の多いサービスにステップアップしようとしても「いったい何から手をつけたらいいのかわからない」「問題をどう解決したらいいのかわからない」、と悩んでしまうことがよくあります。たとえば提供者都合の競争戦略や営業強化により、高い業績目標が設定され、「顧客にいかに売りつけるか」という観点で、従業員が奮闘しているようなケースです。もちろん事業成長や競争優位を実現することは欠かせません。しかし、その取り組みが提供者都合の押しつけでは、顧客からの評価は低下し、従業員は疲弊してしまいます。いずれは顧客も従業員も、離れていってしまう恐れがあります。

近年は、「おもてなし」が注目されてきました。もちろんおもてなしは、日本のサービスにおける大切な価値観であることは間違いありません。しかしこれが拡大解釈されて、サービス提供者が顧客のためにいろいろと尽くすことが良しとされる風潮があります。おもてなしを正しく理解せず、「間違ったおもてなし」によって、サービス提供者が自己犠牲を強いられるようなことも起こっています。

さらに最近では、人材不足や労働環境の悪化に注目が集まり、働き方改革に熱心な企業が増えています。サービス事業は忙しさとの戦いでもあるため、現場で働く従業員が疲弊してしまっていることが多々あり、これもどうにかする必要があります。しかし、その本質を正しく理解して取り組まなければなりません。サービス提供者側の都合で一方的に、サービスの一部をやめたり、サービスレベルを下げたり、顧客対応を手薄にしてしまっては、大切な顧客からの評価の低下を招きます。提供者都合の取り組みでは、顧客を犠牲にしてしまう可能性が高いのです。

このように、誰かが犠牲になってしまうのではなく、顧客、従業員、事業者の三者が価値を実感できるサービスが求められています。

これまで私たちは、さまざまなサービスに関する悩みや課題に触れてきましたが、その中で、優れたサービスを実現するには、いくつかの壁があることがわかってきました。それらを整理してみると、図表2のように、大きく「6つの壁」に分類することができます。

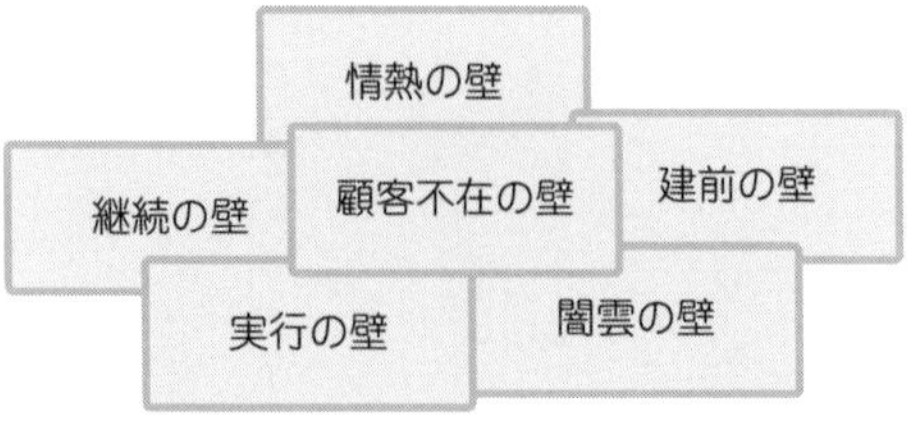

図表2　サービス事業の6つの壁

建前の壁　サービスの「おまけ意識」から抜け出せない

日本では、「サービス」という言葉は、「サービスしてよ」というように、主に「おまけ」や「無料」を指す意味合いで使われてきました。また、事業者によっては、接客マナーに限ったことだという認識が強いことがあります。

しかし近年、あらゆる産業において、「サービス」は収益源となり、他社との差別化につながる競争優位そのものになってきています。もはや「サービスはおまけ」ではなくなっているのです。

それでもまだサービスの「おまけ意識」は根強く残っています。「おまけ意識」がある中では、結局、経営者が「サービス改革だ」「顧客志向だ」とメッセージを発信したところで、建前で言っているだけだと現場がとらえてしまい、取り組みが進みません。これが、「建前の壁」です。サービスの価値向上や競争力強化に注目が集まる中で、当のサービス事業者の意識や建前論が壁をつくってしまっていることは意外に多いものです。すべての産業がサービス業化しつつある今の時代、サービスを自分たちの本業だととらえているかどうかで、大きな差がつき始めています。

情熱の壁　サービス向上への思いに火がつかない

日本のサービス事業者には、とても熱い思いを持っている方がいます。彼らは、「サービスは自分たちの本業だ」とわかっているし、心から顧客に喜んでいただきたいと思っています。そして、それができていない現状への問題意識も高く、その問題をどうにか解決したいとも思っています。

しかし、周囲の理解が得られず、取り組みが思うように進められず苦戦するうちに、そんな情熱の火が小さくなってしまうことがあります。これが「情熱の壁」です。

サービス向上の取り組みを推進するには、あらためてサービスへの情熱の火をつけ直さなければなりません。そして、その熱い思いを周囲に伝播させていく必要があるのです。一度消えかけた火を大きくすることは簡単ではありません。一人ひとりが本来持っていた熱い思いに火がつかなければ、ぶつかった壁を乗り越えてサービスを向上させることはできないのです。

顧客不在の壁　何をやっても顧客に響かない

サービスで顧客に喜んでいただくことは、案外難しいものです。ものづくりと違い、サービスは目に見えないので、サービスをうまくつくったり、磨いたりするにはどうしたらいいのかと悩んでしまうのです。ものづくりでは多くの場合、工場の中で製品をつくるので、顧客は直接的には生産に関わりません。対して、サービスは顧客と一緒につくるものです。顧客の課題や要望をうかがいながら、その顧客に合わせてサービスを仕立てることになります。

しかし、多くのサービスは、ものづくり的な価値観でつくられてしまっています。「いいサービスは喜ばれるに決まっている」と思い込んで、勝手につくったサービスを一方的に顧客に押しつけてしまっているのです。これが「顧客不在の壁」です。

顧客不在でつくられたサービスでは、余計なお世話や無意味行為、迷惑行為といわれてしまいます。何をやっても顧客に響かないのは当然です。

闇雲の壁　何から手をつけたらいいかわからない

いざサービス向上に取り組もうとしても、何から手をつけたらいいかわからず、いきなり壁にぶつかります。とにかく取り組みを始めなければと思い、「顧客志向でサービスを磨いて、もっと顧客に選ばれるようになろう」とスローガンを掲げただけで、あとは現場に丸投げしてしまう事業者もいます。現場も熱心に取り組むのですが、こういった現場まかせや個人まかせの取り組みでは、成果が出ないことが多いものです。サービスは目に見えないものなので、闇雲な取り組みでは活動が前進しません。これが「闇雲の壁」です。

実行の壁　プランは描けても実現しない

優れたサービスを実現するためには、きれいなプランを描くだけでは意味がありません。それを実行できる人材も育てなければ、「実行の壁」にぶつかって、プランが絵に描いた餅になってしまいます。

しかし、人材の育成は、多くのサービス事業者においてはＯＪＴ（On the Job Training）に頼り切っていることが多いものです。「経験を積みなさい」「背中を見て学びなさい」といって、いきなり現場に立たされているのです。もちろん、サービスにおいて経験を積むことは大切ですが、経験だけに頼った成長は時間がかかり、個人差も生まれます。このような現場まかせの育成では、サービスを組織的に高めることはできません。どのような人材を、どうやって育成するのか。また、その育成を加速するにはどんな工夫をすべきなのかを、しっかりと見定めなければなりません。

継続の壁　取り組みが長続きしない

サービス向上や顧客満足向上と聞くと、「どうせ今回もうまくいかないでしょ」「いつも立ち上がっては消えてしまう」という思いを抱く人が多くいます。活動が立ち上がった当初はとても盛り上がるものの、しばらくすると忙しさに負けて、活動を続けるモチベーションが低下してしまいます。これが繰り返され、何度も活動が立ち上がっては消えていくと、「今回もどうせ成果が出ないのでは」「長続きしないのでは」、という思いが湧いてしまうのです。この「継続の壁」をいかにして乗り越えるかは、極めて重要な課題です。「継続は力なり」

という言葉のとおり、「継続を力に変える」ような取り組みにしていかなければならないのです。

選ばれ続けるための6つのポイント

優れたサービスを目指すために乗り越えなければならない6つの壁。これらの壁を、すでにクリアできている事業者もあれば、複数の壁に同時にぶつかっている場合もあります。取り組みの進み具合によって、ぶつかる壁の種類が変化するかもしれません。しかもこれらの壁はそれぞれが関わり合っているため、壁を乗り越えるのは簡単ではありません。そこで、壁を乗り越えて顧客に選ばれ続けるサービスを実現するためのポイントを6つに整理しました(図表3)。

それは、「事前期待を中心に据える」「信念を原動力にする」「進むべき道を示すサービスシナリオを描く」「サービスプロセスを組み立てる」「共創型サービス人材を育成する」「価値ある成果を実感する」です。この6つは、業種やジャンルを越えてすべてのサービスに共通していえる要素であり、サービスの本質をとらえたサービス向上に欠かせないポイントだと筆者は考えています。

本書では、ぶつかっている壁や取り組みの進み具合によって、必要な都度、ピンポイントで読み返しても、実践的に役に立つように構成しています。６つのポイントについては、第2章より具体的な事例とともに解説していきます。

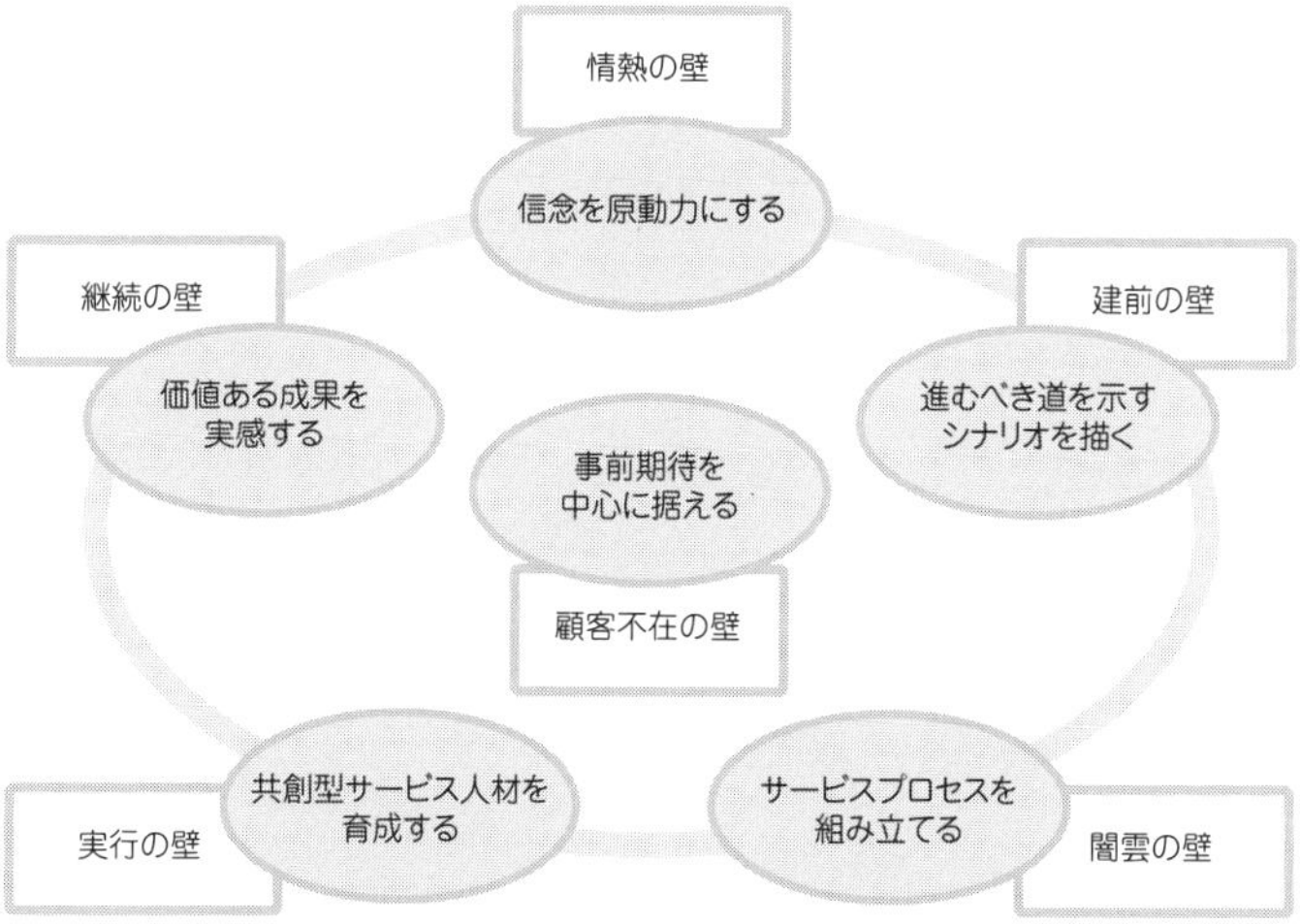

図表３　顧客に選ばれ続けるサービス６つのポイント

第1章

優れたサービスを表彰する「日本サービス大賞」

日本初、日本最高峰のサービス表彰制度

みなさんは、「日本サービス大賞」をご存知でしょうか。本書では、日本サービス大賞の受賞事例をひも解いていきますが、まずその前に、日本サービス大賞の表彰制度について紹介します。

「日本サービス大賞」は、多種多様なジャンルのサービスを横串で評価し、優れたサービスを表彰する、日本初・日本最高峰の表彰制度です。

2015年度、第1回の募集が行われました。約半年間の審査を経て、31件の第1回受賞サービスが発表され（図表4）、2016年6月13日、東京都内のホテルにて第1回の表彰式が行われました。

内閣総理大臣賞	クルーズトレイン「ななつ星in九州」	九州旅客鉄道株式会社
地方創生大臣賞	動物の本能を魅せる「行動展示」	旭川市旭山動物園
	食べ物つき情報誌「食べる通信」	一般社団法人日本食べる通信リーグ ／特定非営利活動法人東北開墾
	卸・仕入れサイト「スーパーデリバリー」	株式会社ラクーン
	家づくりを物語に「工房信州の家」	株式会社フォレストコーポレーション
	海女小屋体験「はちまんかまど」	有限会社兵吉屋
	学校図書館運営サポートサービス	株式会社リブネット
	在宅医療により地域を再生する へき地医療サービス	医療法人ゆうの森
	公共交通で旅を創る「日帰りバス旅」	九州産交バス株式会社
総務大臣賞	“恵寿式”地域包括ヘルスケアサービス	社会医療法人財団董仙会 恵寿総合病院
厚生労働大臣賞	「ポピンズナニーサービス」	株式会社ポピンズ
農林水産大臣賞	社会貢献型移動スーパー「とくし丸」	株式会社とくし丸
経済産業大臣賞	子どもたちに食文化を伝える 「考食師」による給食サービス	株式会社ミールケア
国土交通大臣賞	「国際クール宅急便」	ヤマト運輸株式会社
優秀賞 （SPRING賞）	人間尊重の医療サービス	医療法人財団献心会 川越胃腸病院
	プレミアム時短献立キット「Ｋｉｔ Ｏｉｓｉｘ」	オイシックス株式会社
	宅配クリーニング「リアクア」	株式会社喜久屋
	こどもの職業・社会体験施設「キッザニア」	KCJ GROUP 株式会社
	セブン-イレブンのお届けサービス 「セブンミール」	株式会社セブン-イレブン・ジャパン
	価値向上し続ける おもてなしの航空輸送サービス	全日本空輸株式会社
	企業向け安全運転支援サービス 「スマイリングロード」	損害保険ジャパン日本興亜株式会社
	女性の体と心のサポートサービス 「カラダのキモチ」	ドコモ・ヘルスケア株式会社
	訪問型病児保育サービス	特定非営利活動法人フローレンス
	「3ない」で進化した店舗サービス	株式会社りそなホールディングス
	クラウドファンディングサービス 「READYFOR」	READYFOR株式会社
	1日農業者体験サービス 「青空フィットネスクラブ」	おうみ冨士農業協同組合
	「ハッピーケアメンテサービス」	株式会社ハッピー
	働く人を応援する置き菓子サービス 「オフィスグリコ」	江崎グリコ株式会社
	日本の素晴らしさを伝える「道頓堀ホテル」	株式会社王宮
	日常の感動のLohasサービス	株式会社スーパーホテル
	利用者満足を追求する保育事業 ～相手の立場に立てるかの追求～	株式会社アイグラン

図表４　「第１回 日本サービス大賞」受賞サービス一覧

筆者も参加した表彰式は、安倍晋三内閣総理大臣をはじめ、サービスに関連する各省の大臣級のプレゼンターたち、および、日本全国から選ばれた多種多様な31のサービス提供事業者など、総勢500名が集結しました。

受賞した31のサービスは、鉄道・運輸、医療・福祉、観光・宿泊、卸売・小売、建築、食品、金融、農業、教育、生活関連など、幅広いジャンルから選ばれています。地域や事業規模の大小もさまざまで、まさにサービス産業全体が対象になっている表彰制度であることがわかります。利用者がこれまで経験したことのない感動や驚きを提供したり、地域・社会の活性化などの付加価値をもたらすようなサービスの数々です。すでに有名なサービスもあれば、はじめて知るようなサービスもありますが、どれも優れたサービスばかりで、あらためて世界に誇れる日本のサービスのすばらしさを感じました。

創設の背景

2014年、政府の「日本再興戦略改訂2014」の中で、『サービス産業生産性協議会における高付加価値型のサービス事業モデルに関するベストプラクティスの分析と日本サービス大賞の創設による普及』が明記されました。翌２０１５年3月2日、安倍晋三内閣総理大臣は自らの言葉で、内閣総理大臣表彰「日本サービス大賞」の創設を発表しました。

本書の序章で述べたとおり、サービス産業は、いまや日本のＧＤＰと雇用の7割超を占め、製造業におけるサービス事業の強化、６次産業化などのサービス経済の進展により、今後ますますの拡大が見込まれています。一方で、日本のサービスは、ものづくりの分野に比べて生産性が低いことが長年、指摘されています。ここでいう生産性とは、費やした労働力やコストに対して、生み出した付加価値の度合いのことです。サービスの生産性の低さの原因としては、製造業のようにグローバル競争に晒《さら》されていないことによる学びの不足や、優れた企業の参入とそれに伴う撤退といった市場の新陳代謝の不足、差別化不足に起因する過度の価格競争、「価値」が客観的に測定しにくいというサービスの性質などが挙げられています。

人口減少社会に突入した日本では、持続的な経済成長を続けていく観点からも、多くの雇用を抱えるサービス産業の生産性の向上や新市場創出が、高く期待されているのです。

そのような社会背景の中、サービス産業のイノベーションと生産性向上を推進する目的で設立されたサービス産業生産性協議会（ＳＰＲＩＮＧ）は、新たな表彰制度である「日本サービス大賞」を創設しました。優れたサービスのベストプラクティスの収集・普及をするとともに、表彰を通じて、サービス事業者の士気向上や切磋琢磨を促すことで、サービス産業界をさらに活性化し、日本経済全体を底上げしていくことが創設のねらいです。

日本サービス大賞の概要

こうして誕生した「日本サービス大賞」は、多岐にわたる業種の多種多様なサービスを共通の尺度で評価し、優れたサービスを表彰する日本ではじめての表彰制度です。最優秀賞である内閣総理大臣賞をはじめ、地方創生大臣賞、総務大臣賞、厚生労働大臣賞、農林水産大臣賞、経済産業大臣賞、国土交通大臣賞など、国内のすべてのサービス提供事業者を対象に、きらりと光る優れたサービスを幅広く表彰します。それにより、サービスのイノベーションや事業者のより一層の士気向上を促し、社会や地域経済の活性化への貢献、市場の成長や雇用の創出などにつなげることが目的です。

●主　　催：サービス産業生産性協議会（ＳＰＲＩＮＧ）〈事務局〉公益財団法人日本生産性本部

●表　　彰※：内閣総理大臣賞、地方創生大臣賞、総務大臣賞、厚生労働大臣賞、農林水産大臣賞、経済産業大臣賞、国土交通大臣賞、優秀賞（ＳＰＲＩＮＧ賞）
※第1回実績は全31件を表彰

●評価対象：「優れたサービスをつくりとどけるしくみ」

●審査基準：・受け手の期待に対する達成度
・サービスをつくりとどけるしくみ（構造／自己革新プロセス／波及効果）
・サービス産業の発展への寄与

●審査方法：一次審査（書類審査）、二次審査（現地審査）、最終選考会

●応募対象：国内のすべてのサービス提供事業者（行政サービスは除く）

●委　　員：第1回委員長 野中 郁次郎 氏（一橋大学 名誉教授）、および、サービス企業の経営者、学識経験者等の有識者によって構成

●開　　催：隔年開催（第１回：２０１５年度、第２回：２０１７年度）

「日本サービス大賞」のシンボルマークは、世界的デザイナーである日本デザインセンターの原研哉氏によってデザインされたものです。「人と人、人とものを創造的に結びつけていく、しなやかで強靭なサービスの運動性を象徴するかたち」として「関係のダイナミズム」がここに表現されているそうです。

サービスという形がないものを、サービスの主体である「人」をモチーフに表現されており、筆者がはじめてこのシンボルマークを見たときに、優しくて暖かい印象を受けたのを覚えています。

日本サービス大賞における「優れたサービス」の定義

そもそも、「優れたサービス」とは何でしょうか。日本サービス大賞では、「サービス」の定義を「提供者と受け手の間における価値創造（共創）により、人やモノが提供する経験価値、およびそれを生み出し提供するプロセス」としています。ここでいう経験価値とは、そのサービスの金銭的な価値ではなく、サービスの利用経験を通じて得られる効果や満足感、感動といった心理的、感覚的な価値のことです。経験価値の感じ方には個人差があり、客観的にとらえにくいものです。

そのうえで、日本サービス大賞では、「優れたサービス」を「受け手の期待を超える経験価値を提供するサービス」であるとしています。〝優れている〟という評価は、サービスの受け手の「期待」をどれだけ超えたかという相対的な基準で決まるというものです。簡単にいえば、「事前の期待を大きく超えるサービス＝優れたサービス」なのです。この優れたサービスと事前期待との関係については、第２章で理論を交えて詳しく解説します。

評価対象と評価基準

日本サービス大賞が画期的なのは、業種・業態や事業規模の大小を問わず「すべてのサービス」を対象に共通の尺度で横串に評価する点です。つまり、飲食や宿泊、金融、小売、教育、運輸、建築、生活関連サービスなど、違うジャンルのサービスを同じ基準で評価するのです。すべてのサービスを横串で評価をすることは簡単ではありません。たとえば、「便利」と感じるサービスと、「楽しい」と感じるサービスの優劣は、単純には比べられません。サービスの受け手によって個人の価値観が違うからです。そこで、日本サービス大賞では、そのサービスが生み出す経験価値そのものではなく、そのサービスをつくりとどける「しくみ」に着目し、これを評価対象ととらえることで、共通尺度での評価を可能にしています。価値そのものは比べられませんが、「しくみ」で比べるのです。

評価は大きく、「①受け手の期待に対する達成度」「②サービスをつくりとどけるしくみ（構造／自己革新プロセス／波及効果）」「③サービス産業の発展への寄与」の３つの評価基準によって行われます。

評価基準①：受け手の期待に対する達成度

日本サービス大賞の評価において大前提になることは、そのサービスが「優れている」かどうかです。「優れたサービス」とは、受け手の期待を超えるサービスであるということは先にも述べました。

たとえば「便利さ」を価値としているサービスであれば、その便利さの程度そのものではなく、事前に期待していたよりも便利だと

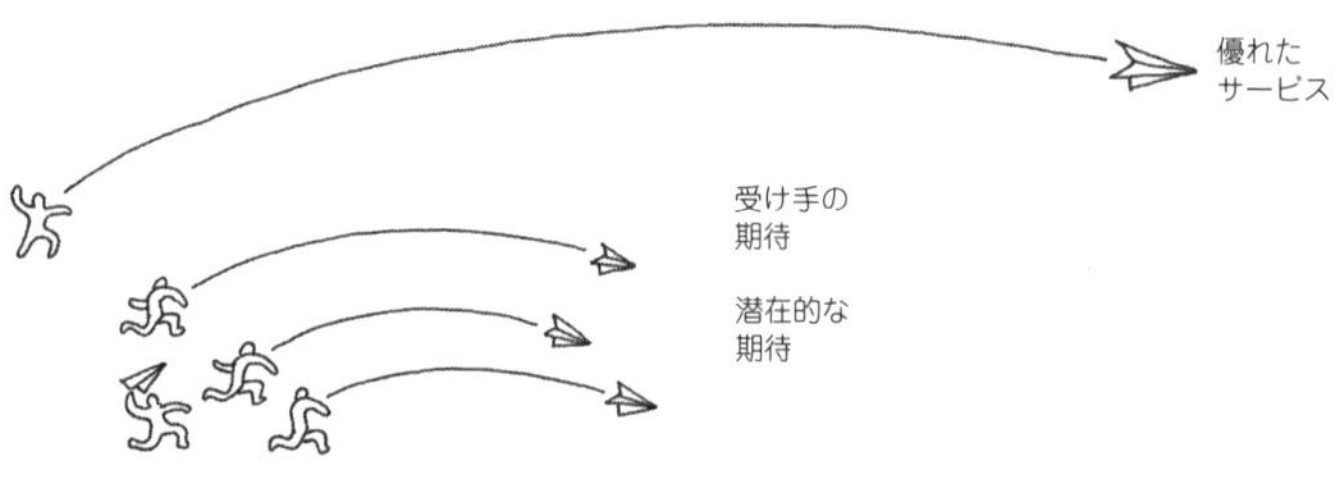

感じたときに、そのサービスが「優れている」と評価するのです。そのサービスが満たそうとする受け手の期待は何か、そして、その期待に対する達成度はどの程度かを、「受け手の期待に対する達成度」として客観的な視点で評価します。

ただし、その期待自体が当たり前すぎたり、低すぎる場合は、その期待を超えるのは当然であり、「優れている」とはいえません。価値ある期待に応えているサービスかどうかも加味して評価します。

評価基準②：サービスをつくりとどけるしくみ（構造／自己革新プロセス／波及効果）

優れたサービスには、サービス提供者がそのサービスを生み出し、提供することを可能にする何らかの「しくみ」があるはずです。また、カリスマやベテランの個人的な経験やセンスに頼っているだけでは、優れたサービスを提供し続けることはできません。継続的に優れたサービスを提供するための「しくみ」も必要です。

これらを「サービスをつくりとどけるしくみ」として、構造／自己革新プロセス／波及効果の三つの視点で評価します。

・構造

サービス提供者がそのサービスの創出やサービスを運営するにあたっての骨格ともいうべき理念、モデル、制度、システムといったサービスの基本構造を評価します。例として、業務基準や分担・業務マニュアル、ICTの利活用、人財の雇用・活用、評価制度、事業モデル、収益モデル、優れたサービスを目指す企業理念、などが挙げられます。

・自己革新プロセス

良い「構造」を持っていたとしても、そのまま何もしなければ、時間の経過とともに市場や社会環境、顧客の変化によって、その有効性が薄れてしまいます。優れたサービスを提供し続けるには、変化に柔軟に対応して「構造」をスパイラルアップで改良していく自己革新性が不可欠です。その「自己革新プロセス」の取り組みを評価します。たとえば、変化に応じて構造をつくりかえる持続性と自

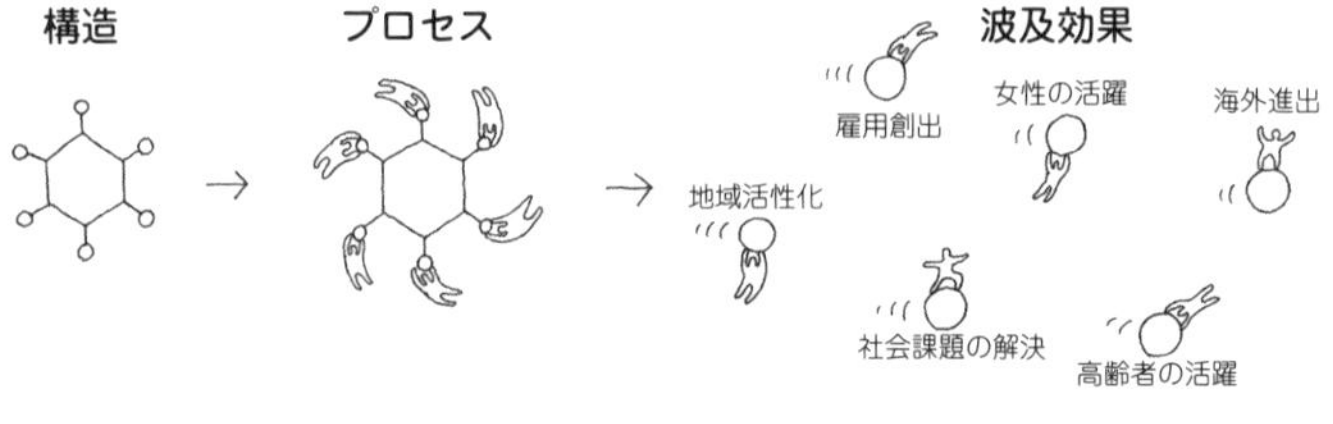

己革新性、顧客と一体となった経験価値の創造を可能にする場づくり、現場での自律的な判断と行動、などが挙げられます。

・波及効果

サービスが持続的な成長を続けるには、自社が成長し、雇用を拡大していくことはもちろんのこと、そのサービスによって影響を受ける周囲の市場や地域経済の成長との相乗効果が不可欠です。優れたサービスを提供している事業者は、自社の直接的な雇用に加え、間接的に周辺市場の雇用の創出や、地域経済の活性化に寄与していることが多いのです。自社の成長により、周囲の市場が活性化し、その環境の中でさらに自社の成長が加速するのです。また、高齢者や女性の活躍など、社会課題の解決に寄与していることも評価されます。このように、波及効果も優れたサービスの指標として評価しています。

評価基準③：サービス産業の発展への寄与

日本サービス大賞創設の意義は、サービス産業界のイノベーションを促し、より一層の活性化を実現していくことにあります。そのサービスが、他の事業者にとって参考になり、サービス向上に応用や展開が可能なものかという視点でも評価が行われます。

ここでいう応用や展開とは、サービスをそのまま真似できるという意味ではありません。サービスの着眼点や発想、サービスのしくみが同業者や他業種も含めて、優れたサービスのロールモデルになり得るか、ということです。

この優れたサービスのモデルの応用や展開の連鎖により、サービス・イノベーションが起こり、市場の活性化が促されるのです。積極的な情報公開や発信、他企業との連携、ノウハウ共有、海外への国際展開など

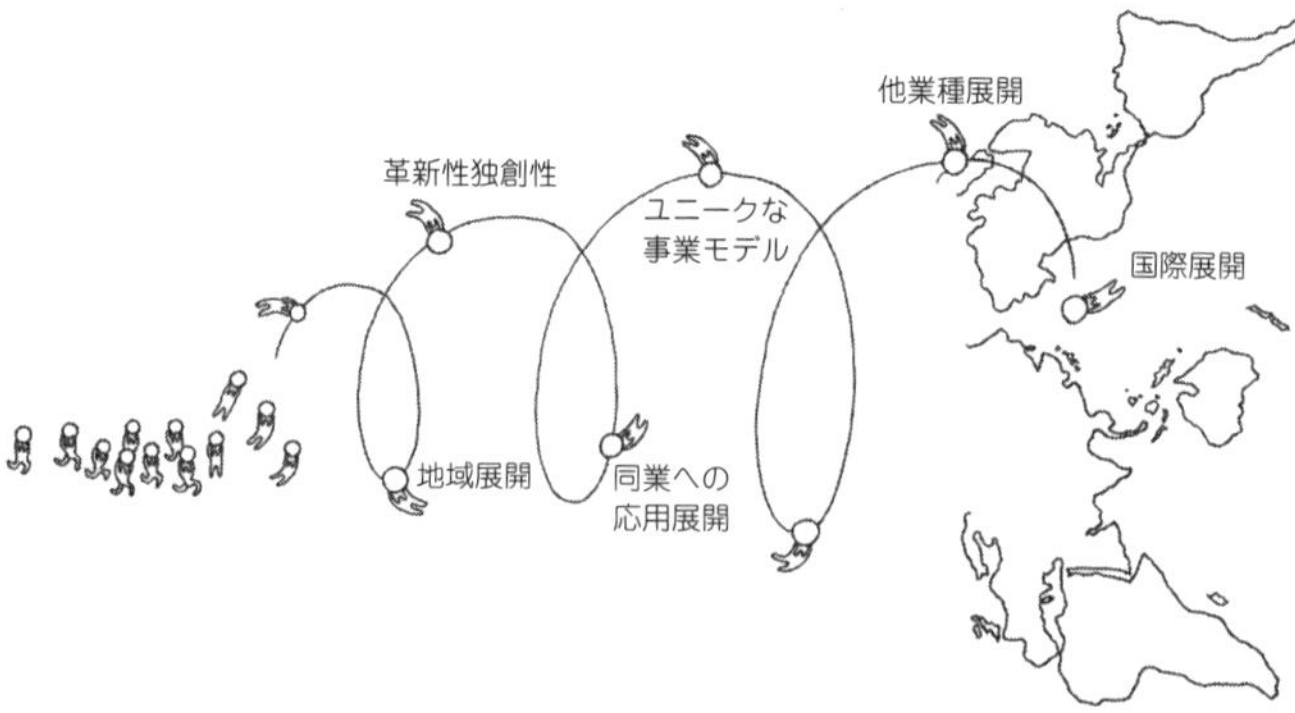

の活動も評価されます。また、イノベーションを促すために、そのサービスや事業モデルの革新性や独創性も評価の要素になっています。

きらりと光るサービスとは

「第1回　日本サービス大賞」には、８５３件もの応募がありました。応募案件はどれも甲乙つけがたい優れたサービスばかりで、審査委員会が受賞案件を選出する過程は非常に難航しました。粒ぞろいのサービスの中で、受賞に至ったサービスとはどんなサービスなのでしょう。

日本サービス大賞の応募要領には、「きらりと光る優れたサービスを表彰します」とあります。その例が次のように挙げられています。参考までに筆者の私見で、第1回日本サービス大賞の受賞サービス31件の中から、きらりと光る要素に該当しそうなサービスをいくつかピックアップしてみました。

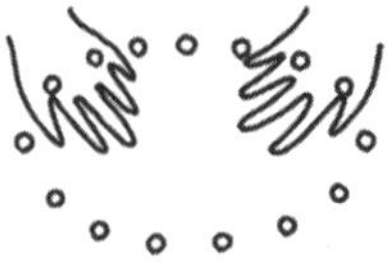

■常識を覆すような、いままで聞いたことも見たこともないサービス

従来存在しなかったような革新性・独創性の高いサービス。それまでの常識にとらわれない新たに市場創出や、業界初の取り組みなど。

▼子どもたちに食文化を伝える「考食師」による給食サービス（株式会社ミールケア）

▼訪問型病児保育サービス（特定非営利活動法人フローレンス）

▼「ハッピーケアメンテサービス」（株式会社ハッピー）

■「そこまでやるか！」という、細部までこだわりを持っているサービス

利用者から直接見えないところも含め、徹底的なこだわりを持って創り上げているサービス

▼こどもの職業・社会体験施設「キッザニア」（ＫＣＪ ＧＲＯＵＰ株式会社）

▼日本の素晴らしさを伝える「道頓堀ホテル」（株式会社王宮）

▼「３ない」で進化した店舗サービス（株式会社りそなホールディングス）

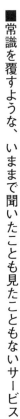

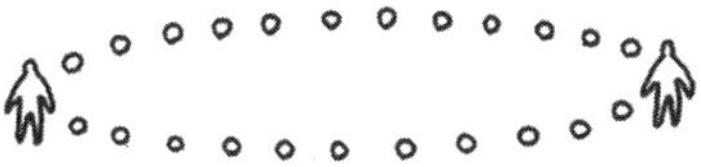

■感動や喜びをもたらす物語性があるサービス

利用者の五感に響く、一生涯忘れられない感動体験や思い出などを提供するサービス

✓クルーズトレイン「ななつ星in九州」（九州旅客鉄道株式会社）

✓家づくりを物語に「工房信州の家」（株式会社フォレストコーポレーション）

■お客様と一緒に双方向のコミュニケーションで価値をともに創るサービス

提供者から利用者への一方通行ではなく、顧客参加型の双方向で提供者と利用者が価値を一緒に創り上げていくサービス

✓食べ物つき情報誌「食べる通信」（一般社団法人日本食べる通信リーグ／特定非営利活動法人東北開墾）

✓プレミアム時短献立キット「Ｋｉｔ Ｏｉｓｉｘ（きっとおいしっくす）」（オイシックス株式会社）

✓働く人を応援する置き菓子サービス「オフィスグリコ」（江崎グリコ株式会社）

■これまでも、これからも長く愛され続けるサービス

類似のサービス自体は古くから存在していても、時代や社会環境の変化に合わせてやり方を変えたり、革新的なしくみを取り入れながら継続していくことで、長岐に渡りみなから必要とされ、これからも愛され続けるサービス

▼動物の本能を魅せる「行動展示」（旭川市旭山動物園）

▼〝恵寿式〟地域包括ヘルスケアサービス（社会医療法人財団董仙会 恵寿総合病院）

■地域や社会の活性化に貢献し、市場の成長や雇用を生み出すサービス

そのサービスが存在することで、新たな市場が生まれ、そこに人が集まり、周囲の地域経済が活性化し、新たな雇用が創出されるなど、地域に根ざして地元の人たちに必要とされているサービス

▼海女小屋体験「はちまんかまど」（有限会社兵吉屋）

▼在宅医療により地域を再生するへき地医療サービス（医療法人ゆうの森）

▼社会貢献型移動スーパー「とくし丸」（株式会社とくし丸）

日本には優れたサービスがたくさんある

このように、日本には優れたサービスがたくさんあります。それを単に事例として表面的にとらえるのではなく、「どんな事前期待に応えているのか」「そのサービスをつくりとどけるしくみはどんなものなのか」という視点で本質をひも解いてみると、たとえ他業界のサービスであっても、自社のサービスに活かすべきヒントが得られるはずです。業界やジャンルの枠を超えて刺激し合うことで、日本らしい優れたサービスはもっと増えていくと思います。

それでは次章から、第1回日本サービス大賞の受賞サービスを事例に、選ばれ続けるサービスを実現するための６つのポイントを解説していきます。

第2章

事前期待を中心に据える

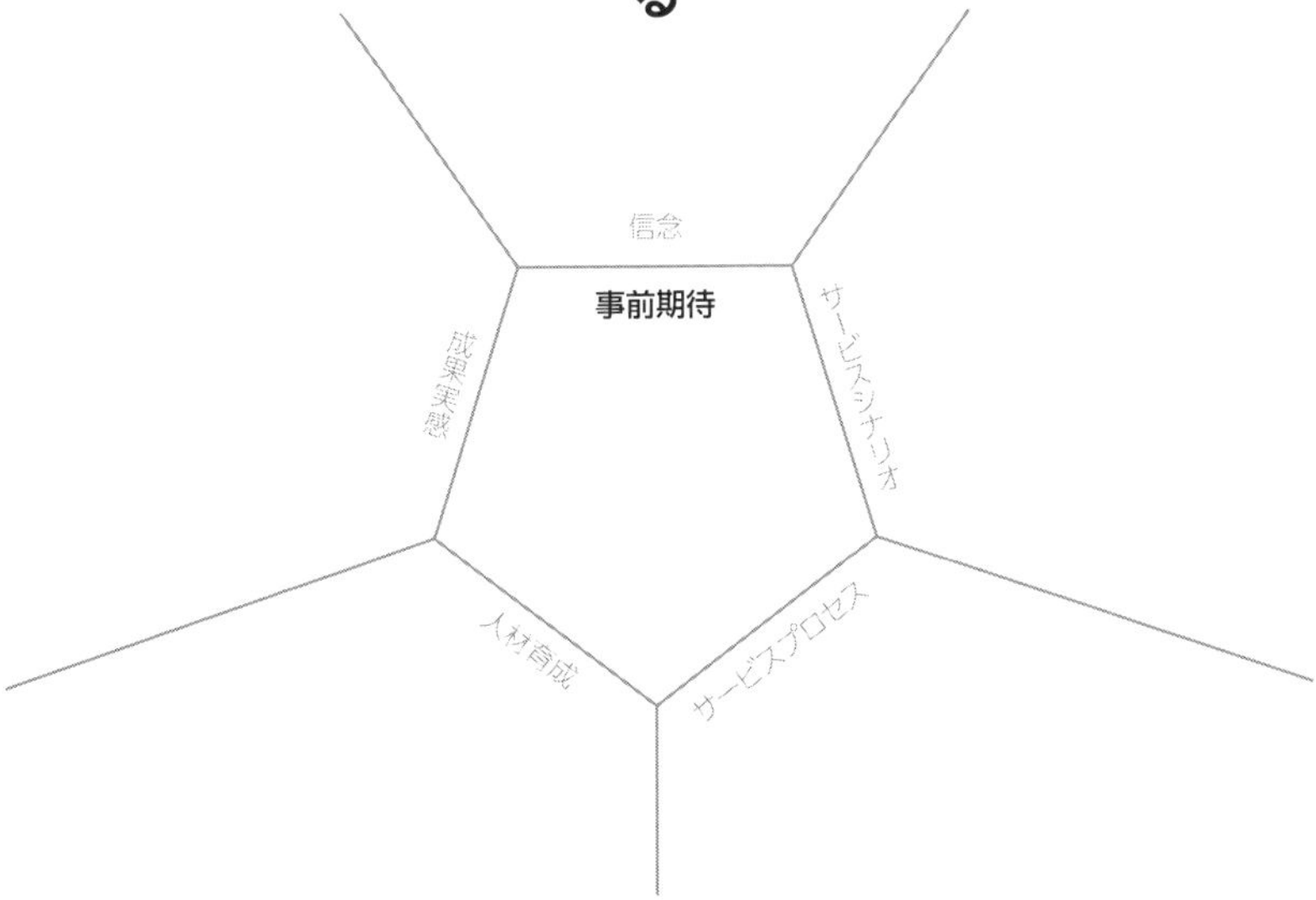

サービスの本質

本章より、優れたサービスを実現するための6つのポイントについて、事例をひも解きながらひとつずつ解説していきます。本章では、サービスの本質とはなにかを理解することから始めます。顧客のどのような事前期待を中心に据えるかで、サービスの在り方がガラリと変わります。このことについて、第1回日本サービス大賞の受賞サービスを事例に、具体的にどんな事前期待を中心に据えているのかに着目することで理解を深めます。さらには、価値のある事前期待を見つけるための実践のヒントを紹介します。

サービスの定義を理解する

サービスについて考えるうえでまずは、そもそもサービスとは何なのかを理解しておく必要があります。そのためにも、第1章で紹介した日本サービス大賞におけるサービスの定義に加えて、筆者が普段使っているサービスの定義（図表5）を説明します。

「人や構造物が発揮する機能で、お客様の事前期待に適合するものをサービスという」

この定義の最も大切なポイントは、「事前期待に適合するものをサービスという」です。つまりサービスは、顧客が事前に持っている期待に合っていなければならないのです。裏を返せば、いくら顧客のためにと思ってしたことであっても、顧客の「事前期待」に合っていなければサービスとはいえません。それはもはや、余計なお世話や無意味行為、迷惑行為と呼ばれてしまいます。私たちは、「事前期待」をとらえなければ、サービスを提供することすらできないのです。

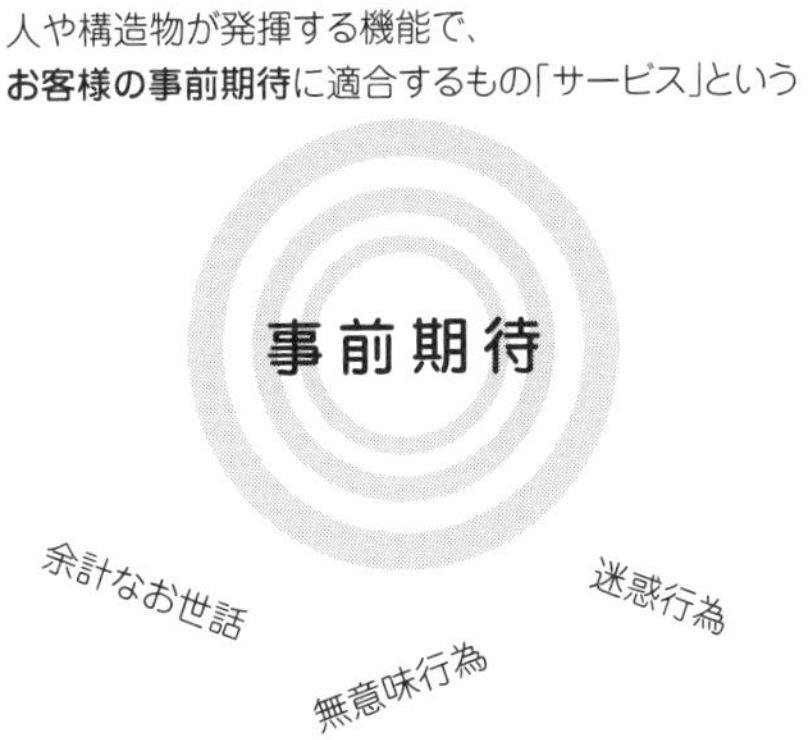
人や構造物が発揮する機能で、
お客様の事前期待に適合するもの「サービス」という
事前期待
余計なお世話
迷惑行為
無意味行為

図表５　サービスの定義
出典：『顧客はサービスを買っている』諏訪良武著（2009　ダイヤモンド社）

顧客満足の盲点に気づく

サービスの定義同様に、顧客満足の定義（図表6）からもサービスの本質は見えてきます。

「顧客満足は、顧客がサービスを受ける前に抱いている事前期待を、サービスを受けた後の実績評価が上回ったときに得られる」、これが顧客満足の定義です。逆に、事前期待よりも実績評価が小さいとガッカリされて顧客を失うことになります。また、事前期待と実績評価がほぼイコールだと、期待に応えてはいるものの、印象が薄いので競合他社に乗り換えられてしまう可能性が高くなります。ポイントは、顧客満足は絶対値ではないということです。つまり、事前期待と実績評価の「相対値」で顧客満足は決まるのです。

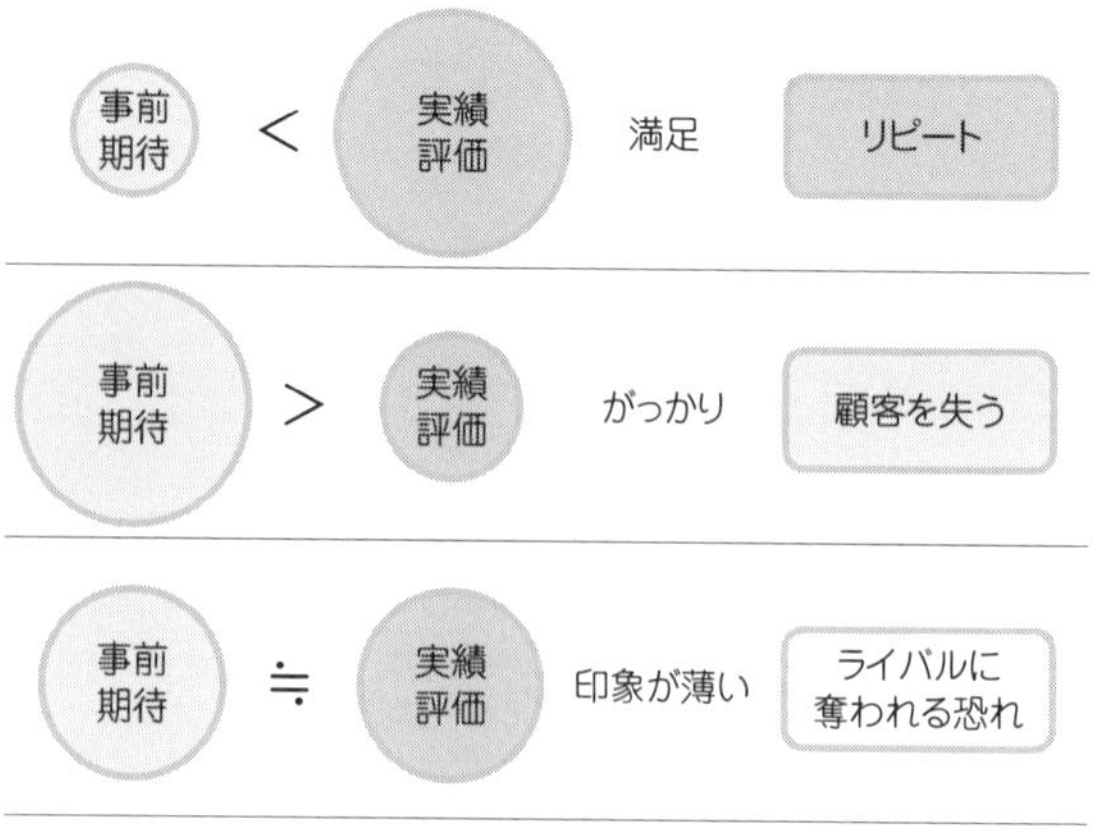

図表6　顧客満足の定義

この定義は、イメージ通りだと思われた方も多いのではないでしょうか。しかし、実はこの定義からこれまでの取り組みが少しピント外れだったかもしれないことに気づきます。

今まで顧客満足向上のために「いかに顧客に喜んでいただくか」というテーマで議論する場合、その内容のほとんどが、顧客からの「実績評価をいかに大きくするか」にしかフォーカスできていないのです。顧客満足の定義では、「顧客満足は事前期待と実績評価の相対値」なので、「実績評価」の方だけに着目して顧客満足向上に取り組むのは筋違いだといえます。

顧客の事前期待をとらえずして、顧客満足の向上は成しえません。

サービスの在り方を考える

サービスの定義や顧客満足の定義から、サービスで顧客に喜んでいただくためには「事前期待」をとらえることが何より大切だとわかります。これは、いわれてみれば当たり前に聞こえますが、多くの場合、顧客の事前期待をあまり意識できていません。「いいサービスは喜ばれるに決まっている」と思い込んで、勝手につくったサービスを一方的に顧客に押しつけてしまっているのです。これでは顧客に喜んでいただくことはできません。優れたサービスを実現するためには、まずは顧客の事前期待に着目しなければならないのです。

もしこれまで、事前期待を意識せずにいろいろと取り組んでいたとすれば、それは目隠しをして〝的〟をねらうようなものです。もしかしたら、偶然何回かは当たるかもしれませんが、多くは的を外してしまいます。せっかく顧客に喜んでもらいたいと思って、一生懸命に取り組んでも、顧客の事前期待に合っていなければ、喜んでいただけません。悪い場合には、やればやるほど顧客は離れていってしまうことすらあります。これはあまりにもったいないことです。やはり、事前期待の的に当てることに力を集中したいものです。

サービスも事業なので、人や時間やお金が限られている中で、サービスを磨き上げなければなりません。そこで事前期待をとらえることができると、その事前期待に応えるために、何に取り組むと価値があるのかが明確になります。同時に、その事前期待に合っていない取り組みは、無意味行為や迷惑行為になるようであれば、「やめること」に決めることもできます。事前期待から外れている「やらなくてもいいこと」「やらないほうがいいこと」に割いていた無駄な努力をやめて、事前期待に応えるための価値ある努力に振り向けることが可能になるのです。

このように、事前期待を中心にサービスを組み立て直すことで、サービスの効率化と価値向上を両立させることは十分に可能です。優れたサービスを実現するための第一歩として、サービスの原点である「事前期待」を中心に据えて、サービスの在り方を考えなければならないと心得ることが大切です。

目標地点としての事前期待を見定める

ここで、あらためて第1章で触れた、日本サービス大賞の優れたサービスの定義を見てみましょう。とても大切なことに気づけるはずです。

日本サービス大賞における定義

●サービスの定義：提供者と受け手の間における価値創造（共創）により、人やモノが提供する経験価値、およびそれを生み出し提供するプロセス。

●優れたサービスの定義：受け手の期待を超える経験価値を提供するサービス。

日本サービス大賞でいうところの「サービス」や「優れたサービス」の定義は、本章で取り上げた「サービスの定義」や「顧客満足の定義」とも合致しています。つまり、〝サービスは顧客と一緒につくるものである〟〝サービスとは顧客の事前期待に合ったもののことである〟〝サービスの評価は、顧客の事前期待を超えるサービスを提供したときに高まる〟ということです。

特にここでしっかり理解しておきたいのは、「優れたサービスの定義」です。第1章の38頁にあるように、優れたサービスに見立てた紙飛行機は、受け手の期待を大きく超えています。その絵を見ると「どうやったら紙飛行機を遠くまで飛ばせるだろうか」と、つい考えてしまいます。実際に多くの事業者は、サービスや顧客満足の向上のために、「具体的に何をやったらいいだろうか」という観点で議論しています。しかし、「何をやるか」以上に大切なことがあります。それは、「私たちはどんな事前期待に応えるサービスを提供するのか」を明らかにすることです。

これを先ほどの紙飛行機の絵に当てはめて説明すると、紙飛行機を遠くに飛ばす前に、「どこへ向かって飛ばすのか」の、目標を見定めなければならないということです。どこへ向かって飛ばすべきかがわからないまま、紙飛行機を遠くに飛ばそうと努力をするのは得策とはいえません。顧客の事前期待に向かって紙飛行機を飛ばせなければ、いくら遠くに飛ぶ紙飛行機であっても、期待を超えることはできないのです。優れたサービスを実現するためにまずは、目標地点として価値ある「事前期待」をしっかりと見定めることが大切だといえます。

しかし、事前期待と一言で言ってもさまざまです。そこで、「事前期待」とは一体どんなものなのか、その構造をシンプルに整理してみます。

事前期待を４つに分類して理解する

事前期待は図表7のように、４つの構成要素に分類することができます。すべての顧客に共通する「共通的な事前期待」、顧客ごとに異なる「個別的な事前期待」、同じ顧客でも時と場合によって変化する「状況で変化する事前期待」、顧客自身が思ってもみない「潜在的な事前期待」です。それぞれの中身について詳しく説明します。

図表７　事前期待の種類
出典：『顧客はサービスを買っている』
諏訪良武著（2009　ダイヤモンド社）

(1)共通的な事前期待

これは、すべての顧客に共通する事前期待です。たとえば、ホテルでは「清潔な部屋に泊まりたい」と、すべての顧客が思っています。この事前期待にはきっちりと応えなければ、不満やクレームにつながって顧客を失ってしまいます。そこで、抜けやバラツキのないサービスを提供するための、「マニュアル」や「チェックリスト」の活用が有効です。

しかし、この共通的な事前期待に応えるだけでは顧客に喜んでいただくことはできません。なぜなら、それは顧客にとっては「当たり前」だからです。今の時代、顧客に喜んでいただき、選ばれるためには、失点をしない努力だけでなく、得点を増やす努力が欠かせません。そこでカギを握るのが、残り3つの事前期待である個別的な事前期待、状況で変化する事前期待、潜在的な事前期待に、いかに応えられるかです。

(2)個別的な事前期待

これは、顧客一人ひとりで異なる事前期待のことです。たとえば、ホテルの枕は「厚手がいい」「羽毛で薄いものがいい」と、顧客ごとに事前期待は異なります。この種の事前期待には、マニュアルやチェックリストで応えることはできません。そこで有効なのが「顧客カード」や「顧客データベース」の活用です。すでに顧客データベースを持っていても、うまく活用できていなかったり、顧客データの内容が年齢や住所などの属性情報しかなくて、事前期待の情報が共有されていないことが多いものです。「サービスは顧客と一緒につくるもの」だからこそ、サービスの現場で個別的な事前期待の情報を役立たせることが重要です。

(3) 状況で変化する事前期待

同じ顧客でも、時と場合によって事前期待は変わります。たとえば、急ぎの用事の前に昼食をしようと、いつもはゆっくり利用する行きつけのお店に入ったとします。そこで顔見知りの店員さんから、先に「松井さん、もしかして今日はお急ぎですか」と聞かれ、自分の気持ちに合っていたらホスピタリティーを感じてしまいます。こういった事前期待には、顧客データベースなどのしくみだけでは応えられません。そこで必要となるのが、顧客の状況を敏感に察知するための共感性や着眼点を身につける教育やトレーニングです。マナー教育や業務トレーニングだけでなく、こういった顧客の事前期待をとらえるための教育やトレーニングに熱心な企業が増えています。

(4) 潜在的な事前期待

これは少し難しいのですが、顧客が感激するサービスのもとになるような、顧客自身も思いもよらない事前期待です。以前、私の友人が妊娠中に書店で立ち読みをしていると、店員さんが気を利かせて椅子を用意してくれたそうで、とても感激していました。こういった感動体験を提供するための工夫としては、「こんなことをしたら感動していただけた」という成功事例を組織で共有することです。そうすることで、別のスタッフが同じ場面に出くわしたときに、感動サービスを再現できるチャンスが増えるのです。ただし成功事例は、「何をしたのか」だけではなく、「どんな事前期待をどうやってとらえたのか」、事前期待の観点で分析を添えて共有すると、感動サービスを提供できる可能性が高まります。

このように事前期待の持ち方には、4つの種類があります。顧客から高い評価を得るためには、特に個別的な事前期待、状況で変化する事前期待、潜在的な事前期待に、応えることが有効です。千差万別の顧客の事前期待を漠ととらえるよりも、シンプルに4つに分類することで理解が進みます。

それではここで、第1回日本サービス大賞の受賞サービスが、具体的にどのような事前期待を中心に据えているのかをひも解いていきましょう。

家づくりを物語に「工房信州の家」

株式会社フォレストコーポレーション

地方創生
大臣賞

フォレストコーポレーションは、1960年設立の長野県伊那市に本社を置く、地域に根ざした住宅会社だ。

このフォレストコーポレーションが取り組んでいるのが、「家づくりを物語に」をコンセプトにした、お客様参加型の家づくりサービス。それも、家族みんなで山に入る「選木ツアー」に参加し、自分の家に使う木を選び、チェーンソーで切り倒すところから参加するというもの。さらに、建築期間中も、珪藻土の壁塗り体験、暮らしを彩るステンドグラスや吹きガラス制作、手づくり陶器の表札づくりなど、さまざまな工程で顧客が家づくりに参加する「ひとてま工房」のプログラムも用意している。これらを通じて家への深い愛着を育むとともに、家づくりが家族にとっての大切な物語になっていく。

性能や品質、デザインやコストなどのハード面で競争しがちな住宅業界において、ハード面を磨くのは当然のことながら、地域に根ざした住宅会社ならではのサービスで、多くの感動を生み出して、顧客から高い評価を得ている。結果として、この住宅事業は8年間で約3倍に成長している。

さらには、県土の7割以上を森林が占める長野県において、輸入材に頼った日本の家づくりとは一線を画す100%国産材（うち85%が県産材）を使用した家づくりにこだわり、長野県の林業の活性化にも貢献している。このサービスがきっかけで、長野の山や林業従事者と顧客とが直接に触れ合うことで、地域の林業への関心が高まるとともに、林業従事者のやりがいや誇りにもつながっている。

【受賞理由】

自ら木を選び、伐採し、家族総出での壁塗り体験や装飾品制作など、顧客（施主）が家づくりに関与する体験や感動が、木や家への愛着を増幅させているサービス。家づくりの前工程から、完成、完成後のアフターケアまで、サービス全体を通じて家族の物語と感動を創出している。放置された森林の整備を促進し、国産材木の活用、地元の山守や製材店・加工職人などの雇用の促進など、長野県の林業活性化にも寄与している。

「なにかちがう」が差別化の糸口に

近年、サービスで差別化して事業を成長させていこうと取り組んでいる事業者が増えています。フォレストコーポレーションのサービスは、そのような事業者に多くの気づきを与えてくれます。2008年に起きたリーマンショックで、同社は危機に直面しました。これまで主力事業だった賃貸事業の需要が激減し、会社として存続するために、もうひとつの事業である住宅事業の強化に、大きく舵を切る必要に迫られたのです。それは簡単なことではありません。この住宅事業を成長させるためには、これまで以上に顧客数を増やすために住宅展示場への出展を迫られることになります。これは、住宅展示場内でしのぎを削る大手ハウスメーカーに真っ向勝負を挑むことを意味します。

ニッチ戦略やブルーオーシャン戦略が注目されるように、一般的には自分だけの市場をつくって、そこでオンリーワンになることが得策といわれる中で、大手の競合が集結している競争市場にあえて飛び込む。代表取締役社長の小澤仁氏は、この無謀ともいえる決断をしたのです。

必要に迫られて住宅展示場に出展し、大手ハウスメーカーとの競争に勝ち抜くために大変な苦労があったと思いますが、結果的にフォレストコーポレーションにとって良い結果を生み出します。あえて競争市場に自らの身を置くことで、大手ハウスメーカーにも負けない競争優位の糸口を見つけることができたのです。

ひとつは、つくられる家の空気感です。長期優良住宅の基準をクリアした最高等級の品質の住宅であることはもちろんですが、大手ハウスメーカーが規格品の住宅を中心に展開しているために「どこも同じような感じだなぁ」と思っていた顧客が、フォレストコーポレーションの住宅に入った瞬間、「なんかいいね」という言葉がこぼれます。自然素材にこだわっていることや、風や太陽光などの自然の力を活かした工法を用いることで、人工的につくられた快適さではない、深呼吸したくなる空気感がうまれ、直観的に顧客の心に響くのです。

これで、住宅展示場の中でも、ある程度差別化できることがわかりました。しかしこれだけでは、住宅のスペック競争の延長線上で差をつけているだけで、大きな差別化ができたとはいえません。そのような中、ある顧客からの相談がきっかけで、家づくりを物語にするお客様参加型の家づくりサービスが生まれることになります。そのときの様子を、小澤氏は次のように綴っています。

「あれ、何かちがうなあ。今までの家づくりと」

――「信州の木で信州の家をつくる」取り組みを始めたところ、あるお客さまから「自分の持山の木を使ってもいいか」と相談を受けました。その家づくりが新鮮な驚きの連続だったのです。

　まず契約の折、若夫婦世帯だけが暮らす家なのに、ご両親やご祖父母も含め総勢8人がお見えでした。みなさん、我が家の山の木を使うことにとても関心をお持ちで、とくに山を育ててきたお爺様やお父様が見せる、誇らしそうで満足げな表情が印象的でした。引き渡しもやっぱり家族総出です。早速、苦労話に花が咲きます。施主さんも、職人さんも、こんなに盛り上がってうれしそうな引き渡しは、私にとってははじめての経験でした。

「あれ、何かちがうなあ。今までの家づくりとちがう」

　きっと、家づくりに家族いっしょに関わることが楽しいんだ。自分たちだけの想いを込められるから、どんな家より愛着が持てるんじゃないか。そうだ、家づくりに物語があるから、できた家にはじめから家族の思い出がぎゅっと詰まっているんだ。それは、住宅会社がどんなにスペックを競っても提供できない価値でした。

　家づくりというのは、それぞれのご家族が自分たちにとっての物語を育てていくことにちがいない。もちろん工房信州の家は、品質や性能、デザイン性などにとことんこだわります。でもその先にある家づくりが、私の中で見え始めました。

こうして、自分の家に使う木を選んで切るところから始まるお客様参加型家づくりサービスを生み出すことで、フォレストコーポレーションの住宅事業は、住宅の性能や価格といったスペックでの競争とは一線を画して、サービスで差別化することができたのです。

顧客の人生観にふれる経験を提供する

この「自分の家に使う木を選んで切る」とは、顧客に対していったい何を提供しているサービスなのかを考えてみましょう。「せっかく家をつくるので、木を切る体験はおもしろいイベントだね」。そう思われた方も多いのではないでしょうか。実は、山に入って木を切ることを経験すると、もっと深い思いに気づかされます。

フォレストコーポレーションで家をつくる場合、すべての顧客が木を選んで切るところから始まります。その事例を少し紹介します。

顧客の中には、「実家が山を所有しているので、その山の木を使いたい」「実家の庭の木を使いたい」というご要望が多く聞かれるそうです。そのようなときには、顧客が所有している木を切って使うこともできます。顧客の中には、次のようなことがよくあるそうです。

小さなお子さんを持つ夫婦がフォレストコーポレーションで家を建てることになった。それを奥様は実家で話した。奥様のお爺様は山を持っているとのこと。それなら、その山の木をこれから建てる家に使えないかと聞いてみたところ、山を守ってきたお爺様が嬉しそうな表情になった。そして、山の木を切る日、足の悪いお爺様も杖を突きながら、家族全員で山に入る。この日は、旦那様のご両親も遠方から駆けつけていた。山に入ってみると、思った以上に手入れされていて驚く。少し歩いたところで、お爺様はある木の前で立ち止まる。聞けば、この木はお父様が子どものころにお爺様と一緒に植えた木だった。「あのときの木がこんなに立派に育ったのか」と驚くお父様。「この木を、自分たちの家の木に使いたい」と決まる。「息子夫婦の家に素敵な木を使わせていただいてありがとうございます。今まで山や木を守ってきていただいてありがとうございます」と、両家のご両親やお爺様が言葉を交わしている。お爺様はどんな思いでこの山を守り、この木を育ててきたのだろう……。

そして、いよいよ木を切る瞬間。チェーンソーの音とともに、木が切られていく。そして、チェーンソーが止まると同時に木が倒れ始める。メリメリメリと音を立て、ドスンと倒れる木。そのあと、静かな空気に包まれる。木の独特な香りが漂っている。見上げれば、いままで木が立っていたところだけ、ぽっかり青空がのぞいている。「いままでここに、大きな木が立っていたんだなぁ」。自分より長く生きてきた木の命をいただいて家をつくることへの感謝の気持ち。この木とともに生きていくという思い。山や木を守ってくれていたお爺様への感謝の気持ち。その木を植えたときの思い。命や人生がつながっていることを実感し、いろんな思いがこみ上げてくる。感動の涙が流れることも少なくない。

「あぁ、家づくりって、こういうことだったのか」

こうして、この家族にとっての家づくりの物語は始まっていく。


家づくりの物語は、山に入って木を切るところから始まります。それは単なる楽しいイベントではありません。木を切るという経験をすることは、顧客にとって「家をつくる」ことへの本当の思いや価値観を、顧客自身が見つける大切なきっかけになっているのです。

サービスとは、顧客の事前期待に応えるものでなければなりません。さらには、優れたサービスであるためには、どの事前期待に応えるかがとても重要です。フォレストコーポレーションのサービスは、事前期待の中でも、顧客が思ってもみなかった「潜在的な事前期待」を中心に据えています。それも、「家族や信州の自然に感謝と誇りを実感できる家づくり」というような、顧客の価値観や人生観に触れる潜在的な事前期待に応える感動サービスなのです。

顧客と一緒に潜在的な事前期待を見つける

潜在的な事前期待に応えることで、サービスの評価は格段に高まります。しかし潜在的な事前期待には難点があります。それは、顧客自身が気づいていないということです。顧客の多くは、「一生に一度の家づくりを特別なものにしたい」と思っています。ですが〝特別〟といっても、その内容は顧客ごとにさまざまです。顧客に、どんなふうに〝特別〟にしたいのかを聞いても、うまく答えられないことが少なくありません。だからこそ、「自分の家に使う木を選んで切る」という選木ツアーのプロセスが大きな意味を持つのです。選木ツアーの経験を通して、家づくりへの本当の思いや人生観に顧客自身で気づいていただく。これこそ顧客自身で、潜在的な事前期待を明確にしていただくためのプロセスといえます。感動サービスを生み出すためには、潜在的な事前期待を見つけるところから顧客と一緒に行うという考え方がとても大切です。

　このように、フォレストコーポレーションでの家づくりは、その家族だけの感動の物語になり、家づくりが家族づくりにもなっていきます。その証拠に、これから家づくりを始める「着工式」の段階ですでに、感極まって涙する顧客もよくいるそうです。ときには社員が、顧客より先に感極まって涙してしまうことすらあるといいます。顧客の人生観や価値観に触れるような潜在的な事前期待を真ん中に置いて、参加型の家づくりサービスを組み立てることで、家族に感動の物語を提供する優れたサービスを実現しているのです。

訪問型病児保育サービス

特定非営利活動法人フローレンス

★★★
優秀賞
（SPRING賞）
★★★

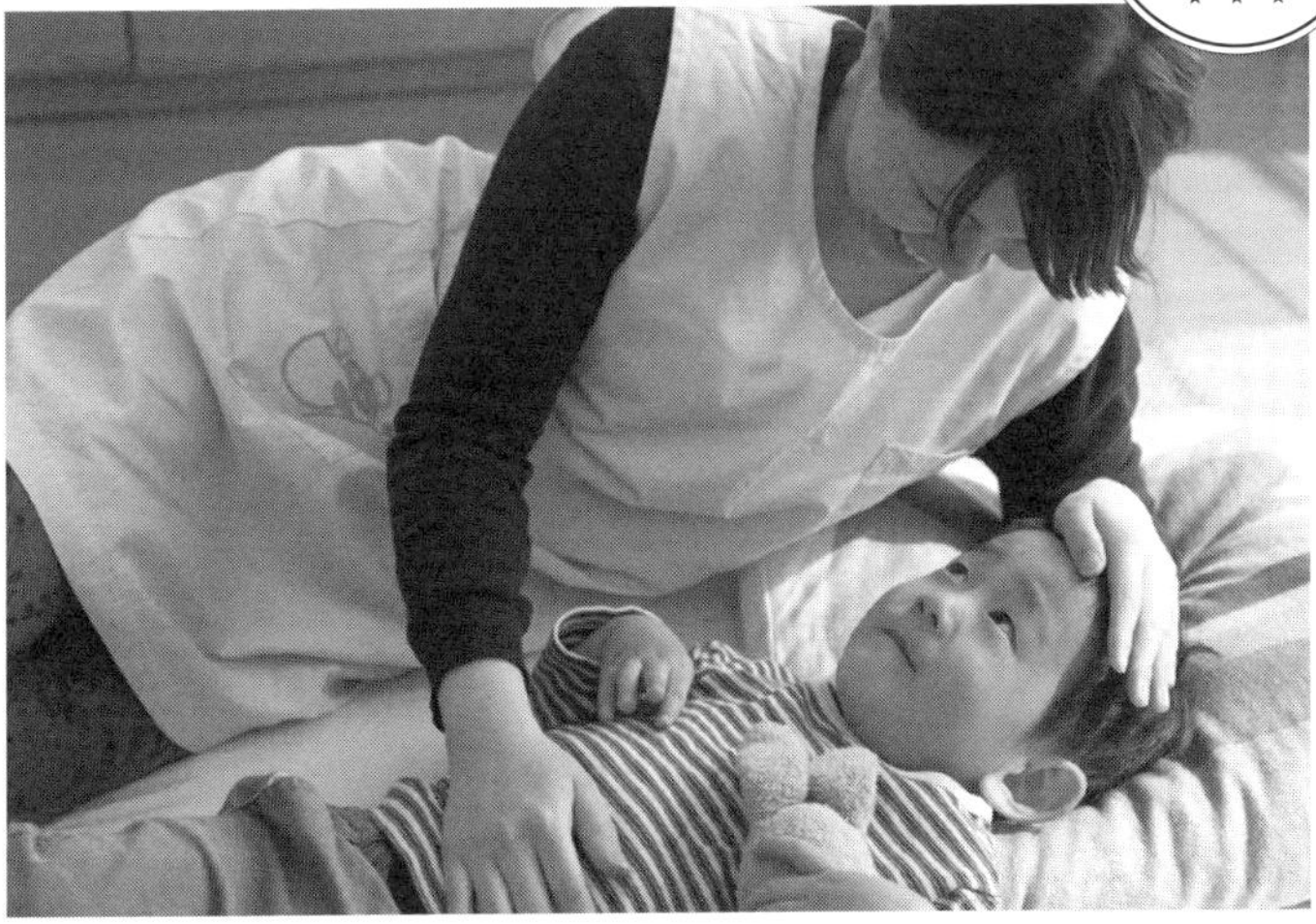

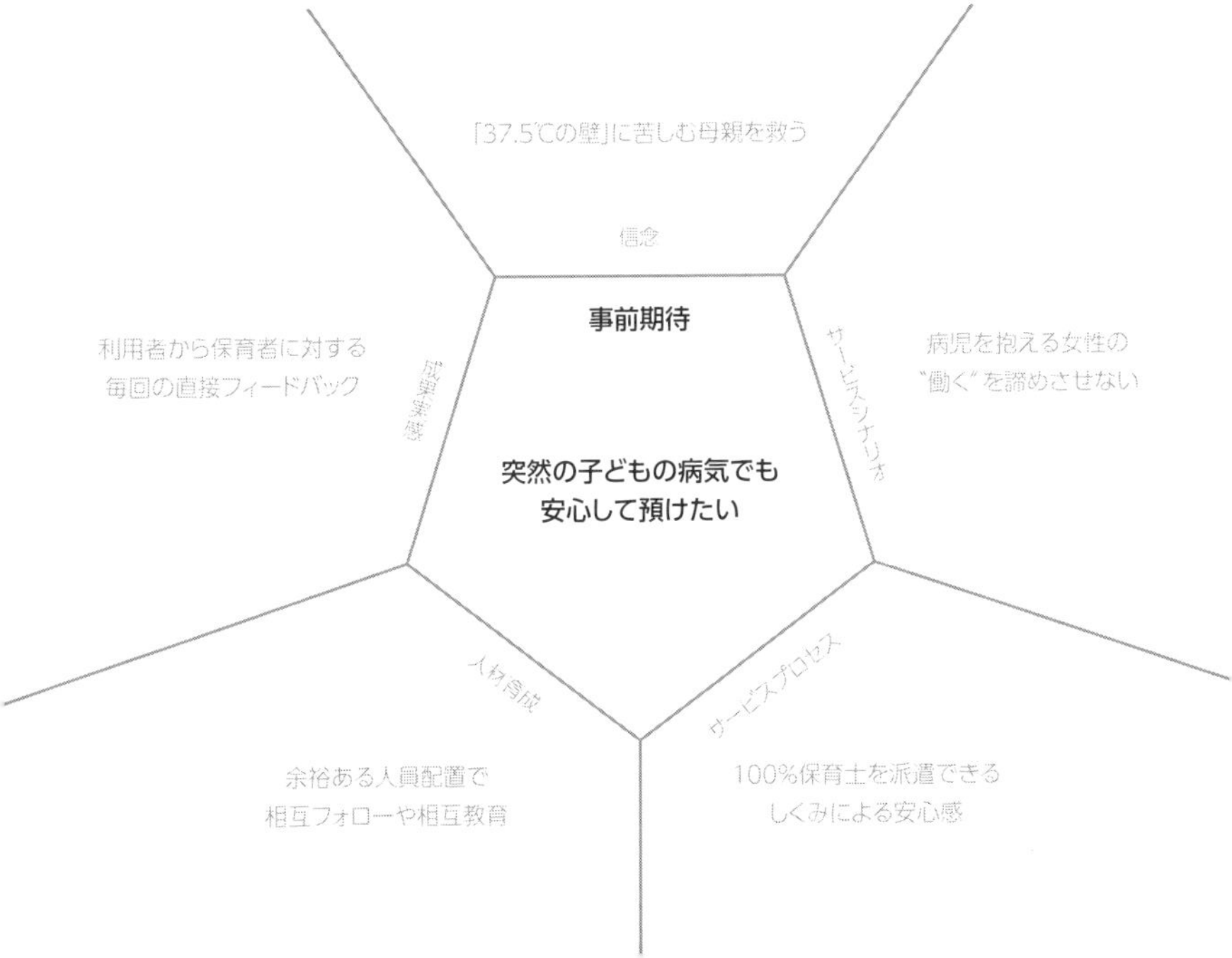

育児に関するさまざまな社会的課題の解決に取り組む認定ＮＰＯ法人フローレンス。経営理念として「みんなで子どもたちを抱きしめ、子育てとともに何でも挑戦でき、いろんな家族の笑顔があふれる社会」を掲げている。

このサービスは、「37・5℃の壁」に苦しむ、働く母親を救うための日本初の訪問型病児保育サービスだ。はしか以外であればすべての病状で保育可能としている。

一般的な保育所では、託児可能な最高体温である37・5℃を超えると、子どもを保育所に預けることができない。保育所が全国に約３万２０００カ所あるのに対し、病児を保育できる施設はこれまで約１１００カ所しかなく、利用したいときに利用できないことが多い。

フローレンスは、働く女性の支援という社会課題に貢献するために、託児型ではなく「訪問型」の病児保育のサービスモデルを構築した。病児保育件数は日本最多の累計３万件以上の実績があり、10年間無事故運営を続けている。

特筆すべきはその対応力。子どもの病気は予期できず突然発生するもの。それにも関わらずフローレンスの病児保育サービスは、会員の利用当日朝８時までの予約に１００％「こどもレスキュー隊員」と呼ばれる保育者を派遣できるしくみを構築している。「こどもレスキュー隊員」は病児の対応の専門研修を受けたスタッフであり、豊富な保育実務の経験を持つ。

訪問型であるため各家庭の要望にきめ細かく対応することができ、そのサービス品質も高い。事務所には看護師が常駐し、スタッフと連携して病児の経過を見守るとともに、医師免許を持った「ママドクター」による往診や処方箋の発行にも対応するバックアップ体制で、万一の容態の急変にも対応できる。フローレンスの病児保育サービスは、仕事と育児の両立をめざす女性を強力にサポートし、日本の大きな社会的課題である女性の就業促進に貢献している。

【受賞理由】
「訪問型」の病児保育市場を開拓し、利用の都度料金を気にせず活用できる「共済型」の課金モデル、突発的な当日予約にも「100％」保育者を派遣できるしくみは、親が安心して働くことができる安心感を生んでいる。日本最多の2・5万件以上の実績（2015年時点）、10年間無事故運営に裏打ちされた信頼感で、37・5℃の壁（通常の保育所で託児可能な最高体温）で苦しんでいた働く母親を支援し、女性が活躍できる社会環境の整備に寄与している。

状況で変化する事前期待に100%応える

このフローレンスのサービスは、病児保育をテーマに描いたマンガ『37・5℃の涙』(小学館/フラワーコミックス)が共感を集め、ドラマ化されるなど、病児保育に対する関心と理解促進にも貢献しています。

ある朝起きると、子どもが風邪をひいて熱を出している。病児の託児所はすでに満員で受け入れてもらえないし、実家も遠く両親に頼るわけにはいかない。大事な仕事の予定がある日なのに、会社を急に休まなければならないかと思うと、つい溜息が出てしまう。このような経験を、幼い子どものいる働く女性は一度はしたことがあるのではと思います。子どもの病気は突然、しかも頻繁にやってきます。この突然やってくる事態に、フローレンスの訪問型病児保育は、100%保育者を派遣しています。

このサービスを事前期待の観点で着目すると、「状況で変化する事前期待に100%応える病児保育サービス」だととらえることができます。一般的に、状況で変化する事前期待に100%応えることは簡単ではありません。そこは顧客側も理解していて、さすがに100%対応してもらうことは大半は諦めています。つまり、状況で変化する事前期待には、満たされていない事前期待がたくさんあるのです。

この満たされていない事前期待に応えることができると、「助かった！」「こんなサービスがあったらいいなと思っていた」「感激した」といった具合に、サービスの評価はぐんと高まります。だからこそ、この状況で変化する事前期待に１００％応えることのできるフローレンスの訪問型病児保育サービスには価値があるのです。

共働きの家庭で幼い子どもが熱を出したとき、もう仕事を諦めたり、子どもに後ろめたい気持ちで働かなくてもよい「みんなで子どもたちを抱きしめ、子育てとともに何でも挑戦でき、いろんな家族の笑顔があふれる社会」という経営理念を掲げるフローレンスのサービスは、着実にその実現に向かっています。

プレミアム時短献立キット「Kit Oisix（きっとおいしっくす）」

オイシックス株式会社

★★★
優秀賞
（SPRING賞）
★★★

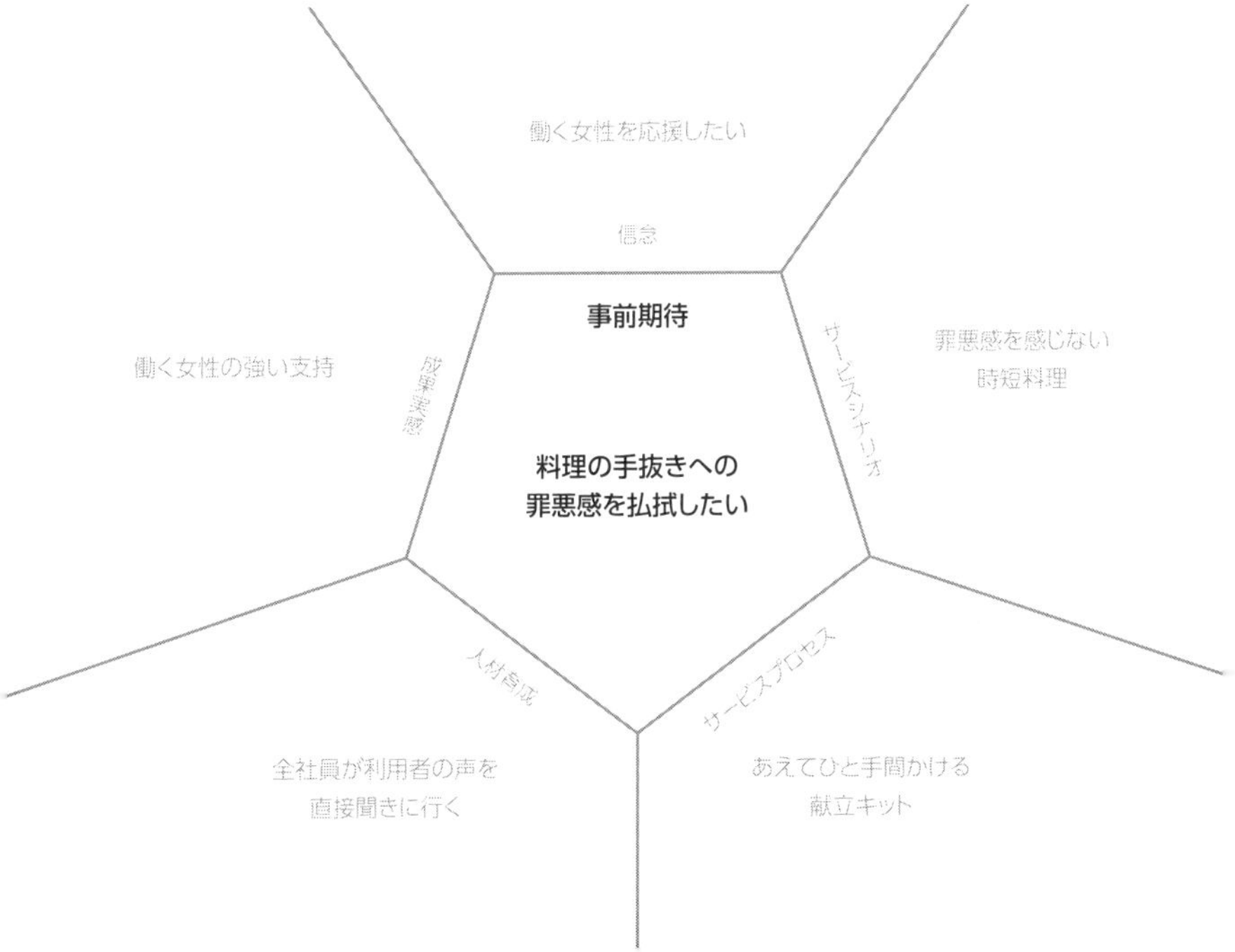

オイシックスは、食のおいしさと安全を守り、強い思いを持って農産物をつくる生産者と、消費者とをつなぐ2000年に創業した企業。オイシックスといえば、特別栽培農産物や無添加加工食品の定期購入サービス、産地直送サービスのイメージがあるが、本サービスは、5種類以上の野菜が摂れる食事2品を20分で調理できる材料とレシピをセットにした「献立キットお届けサービス」だ。

シェフや料理研究家などのプロが監修する本格的なメニューを毎週10種類以上用意し、必要量の食材とレシピを、土日を含めた日時指定に対応して家庭にお届けする。材料は自社の基準を達成した安心食材を使っている。夏場は火を使わないメニュー、冬場は鍋キット、子どもの日や母の日・クリスマスなどの記念日向けのメニューを出すなど工夫を凝らしている。

本サービスは、子どもを持つ忙しいワーキングマザーを中心に好評を得ており、売上数は昨年対比で200%を超える成長を遂げ、現在ではKit Oisixシリーズの累計出荷数は500万個を突破した（2017年3月時点）。日頃から利用者やその子どもの声に耳を傾けながら、メニューを改善するなど、日々サービスを進化させている。

【受賞理由】

健康的な主菜と副菜の2品を20分で調理できる献立キットを宅配するサービスで売上数は250万個を突破（2016年4月時点）。農家との直接契約の強みを活かした安心食材、配達日時指定、献立を考える必要がないなど、健康と時間短縮を両立したい働く母親を支えている。顧客宅訪問や子どものモニター「コドモニター」を通じて日々サービスやメニューを改善しており、事業者と顧客の共創サービスを実現している。

「手間がかかること」が価値になる献立キット

他の献立キットには、もっと短時間で調理できるものもあるのに、どうしてこのサービスが評価されているのだろう、そう思った方もいるのではないでしょうか。もちろん、他社のサービスと細かく比較してみると、野菜の品数の多さやレシピの豊富さ、注文の簡単さや宅配の柔軟さなど、さまざまな違いはあります。しかし、圧倒的に違うのは、このサービスが応えようとしている事前期待なのです。

他の献立キットは、「忙しいから、手間なく手早く調理がしたい」という事前期待に着目しています。だから他社の献立キットの調理時間は、10分程度のものが多いのです。それに対してオイシックスが着目したのは、忙しい女性の「罪悪感」。「仕事で忙しいばっかりに、子どもや旦那さんにスーパーのお惣菜や手抜き料理の夕食になってしまって申し訳ない……」、そのような思いを感じながら、毎日の家事と仕事を両立している女性の罪悪感です。

ここに着眼したからこそ、オイシックスの献立キットは、調理時間は10分ではなく、あえてひと手間かける20分であることにとても意味があります。他にも、5種類の野菜が摂れること、料理が2品つくれること、毎週10種類以上ものレシピが用意されていてマンネリ化が防げることも、「罪悪感」を中心に考えるとすべてに意味があることがわかります。

このように、サービスがどんな事前期待に応えようとするかによって、サービスの組み立て方や価値の高め方はがらりと変わります。献立キットを利用する忙しい女性には、「料理の手軽さ」に期待しつつも、「料理の手抜きへの罪悪感」を感じている方が多くいます。これまでは、献立キットを利用するときの罪悪感は仕方がないとあきらめていました。

オイシックスの献立キットは、顧客自身が「諦めている事前期待」を見つけて応えることができているサービスだといえます。顧客が諦めている事前期待は、さまざまな業界のサービスで思い当たるところがあるのではないでしょうか。

価値ある事前期待の見つけ方

事前期待の着眼点

これらの3つの事例のように、優れたサービスには、価値ある事前期待に着眼しているものが多くみられます。フォレストコーポレーションは、家づくりに対する価値観や人生観に触れるような事前期待を中心に据えて、自分の家に使う木を選んで切るところから参加する家づくりのサービスを提供していました。フローレンスは、子どもの急な病気など、37・5℃の壁に苦しむ母親の状況で変化する事前期待に100%応える病児保育サービスといえます。そしてオイシックスの献立キットは、忙しい女性の料理の手抜きへの罪悪感に着目して、あえてひと手間かける工夫がされていました。これらの事例のような価値ある事前期待への着眼点を、図表8のように分類して整理すると、さらに理解を深めることができます。縦軸は、顧客にとってその事前期待が顕在化しているのか、潜在的なものなのかです。横軸は、サービス提供者にとって顕在化している事前期待かどうかという観点で分類しています。

図表8の左下は、顧客とサービス提供者の両者にとって潜在的な事前期待である「思いもしなかった事前期待」です。フォレストコーポレーションで取り上げた、人生観や価値観に触れるような事前期待は、まさにここに該当します。こういった事前期待は、サービス提供者が顧客と双方向にやり取りをしながら、潜在的に期待していることを引き出したり、気づきを促すことで、顕在化させていくプロセスが大切です。

対して図の右上は、すでに顕在化している事前期待です。ここには、本章で説明した事前期待の種類のうち、潜在的な事前期待以外の3つである共通的、個別的、状況で変化する事前期待が当てはまります。この中にも、価値ある事前期待を見つけることができます。それは「満

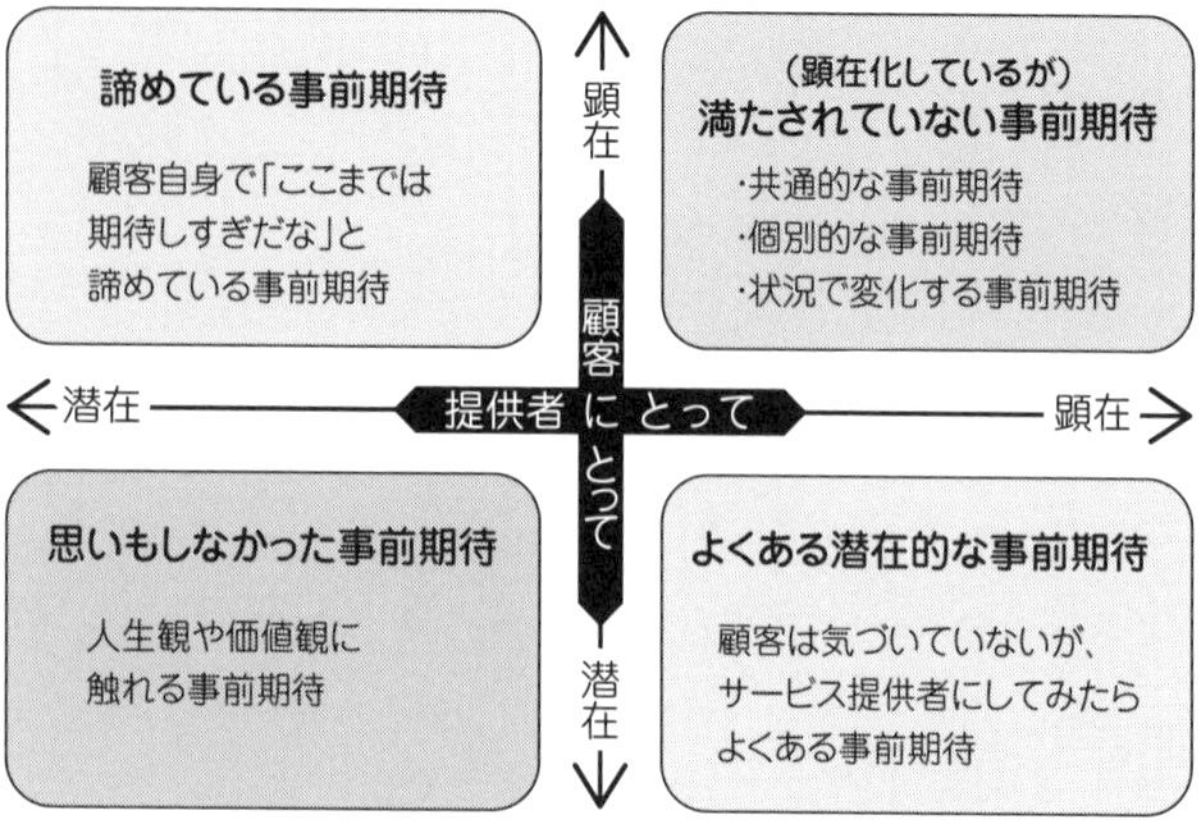

図表8　価値ある事前期待の４つの着眼点

たされていない事前期待」です。フローレンスの訪問型病児保育は、状況で変化する事前期待に100%応えていました。一般的に、状況で変化する事前期待に100%応えることは難しいために、「満たされていない事前期待」が多く存在します。気の利くサービスや、あったらいいなと思うサービスは、こうした満たされていない事前期待に応えることで生み出すこともできるのです。

続いて図表8の左上は、顧客にとって顕在化している一方で、サービス提供者にはそれが見えておらず、潜在的な事前期待になっています。その代表例が「諦めている事前期待」です。顧客には、「ここまではさすがに期待しすぎだよね」と、諦めている事前期待があるものです。たとえば、オイシックスで触れた「働く女性の料理の手抜きへの罪悪感」がそれにあたります。「忙しいので手間を省きたい」という事前期待ではなく、「忙しいがゆえに家族に手抜き料理を出してしまっている」という罪悪感を軽減できることで、このサービスは働く女性に高い評価を得ています。諦めている事前期待は、働く女性に限らず存在します。シニアの顧客にとって、体力の衰えとともに諦めてしまっている事前期待はないでしょうか。

若者の顧客はどうでしょう。都会の顧客は、地方の顧客は……、何か諦めてしまっている事前期待はないでしょうか。さまざまな業界のサービスにおいて、思い当たるところがあるのではと思います。顧客が「諦めている事前期待」に対して、「諦めなくてもいいですよ。私たちがそれにしっかりお応えします」といえるサービスは、新たな価値を生み出すことができるのです。

最後は、顧客にとっては「潜在的」であっても、プロであるサービス提供者にとっては想定の範囲内である「よくある潜在的な事前期待」です（図表8の右下）。たとえば、法人向けサービスで、クライアント企業の担当者が、上司への報告に悩んでいて、その相談に親身になって乗ったら、「こんなことまで対応してくれるなんて」と感激してもらえたうえに、その上司もサービスの価値を実感できる報告を受けられるので、リピートオーダーがいただけたという具合です。実は「社内への報告まで支援してほしい」というのは、サービス提供者としては、顧客がよく抱いている事前期待だということを、経験的に知っているのです。こういった事前期待は、ベテランやセンスのいいスタッフが経験知としてとらえていることが多いので、組織内で成功事例を共有してみると見つけることができます。

この図表8で示した着眼点をヒントにして、価値ある事前期待を見つけてサービス事業の中心に据えることで、優れたサービスを実現できる可能性は格段に高まります。

深層にある事前期待をとらえる

ただし、着眼点がわかっても、すぐに価値ある事前期待を見つけられるとは限りません。事前期待と一言で言っても実にさまざまです。表面的な事前期待もあれば、深層心理に迫るような事前期待もあります。

これまで筆者は、さまざまなサービス改革の場で、サービス事業の中心に据えるべき事前期待について議論してきました。その経験を踏まえ、価値のある事前期待の見つけ方について、もうひとつ有効な考え方をここで紹介します。それは、事前期待は階層構造をしているということです（図表9）。つまり、表面的な事前期待を持つ理由を考えていくと、より深い階層の事前期待を見つけることができます。すると、深い階層の事前期待から、いくつもの表面的な事前期待が派生

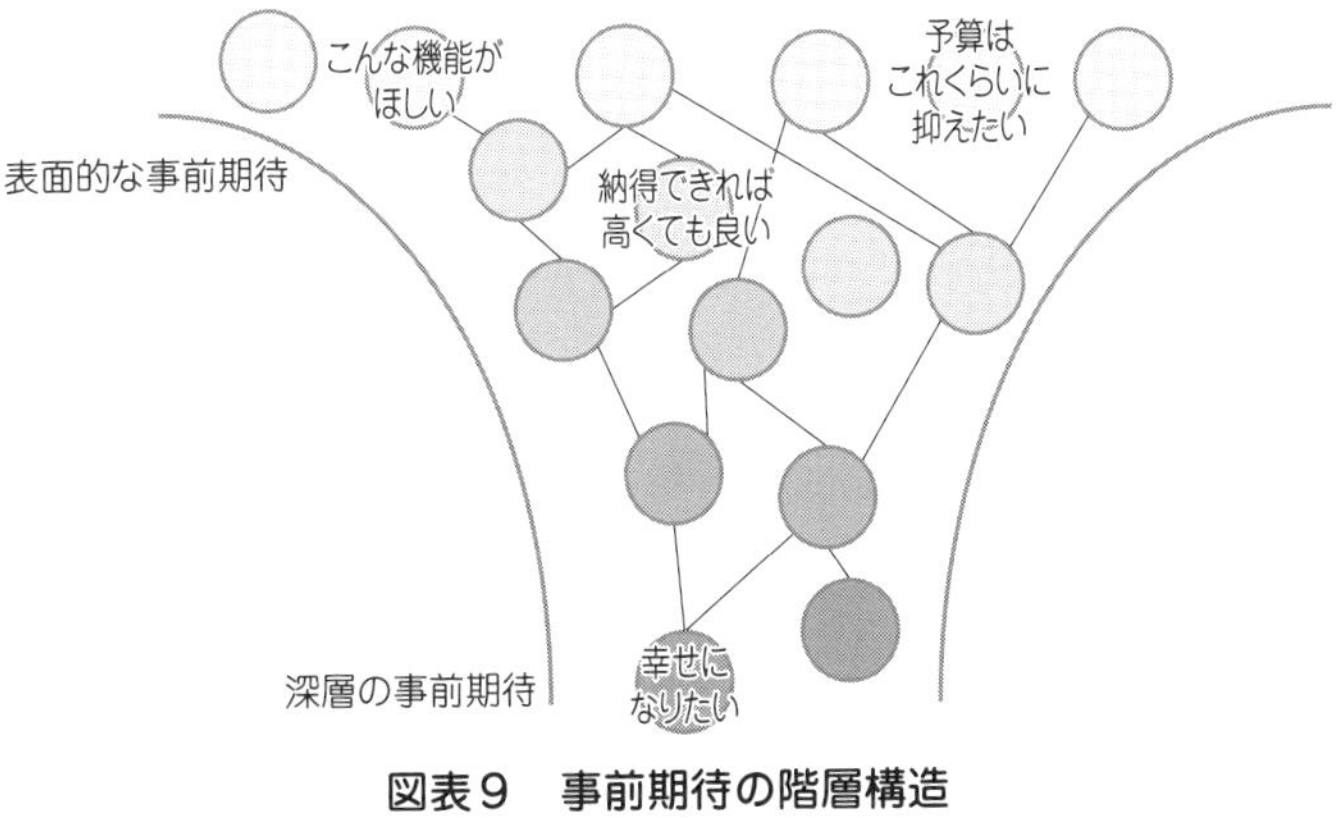

図表9　事前期待の階層構造

していることがわかります。さまざまな表層的な事前期待に応えるために、あれこれ努力するより、深層の事前期待をとらえて、それに応える方がサービスを磨き上げるのに効果的だといえるわけです。たとえば、外食サービスにおいて、「素材にこだわっているお店で食事がしたい」という顧客の事前期待に着目して、その理由を考えたところ、「子どもの健康を中心に食を考えたい」という深層の事前期待が見つかったとしましょう。この事前期待からは、素材へのこだわり以外にもさまざまな表面的な事前期待が派生しています。「禁煙のお店がいい」「子どもとの利用を歓迎してくれるお店がいい」「子どもの好き嫌いをなくしたい」などです。この場合、「素材へのこだわり」より深層の「子どもの健康を中心に食を考えたい」という事前期待を中心に考えた方が、サービスに広がりが生まれます。このように、事前期待は階層構造をしていることを理解して、その階層を行き来してみることで、サービス事業の中心に据えるべき事前期待を見つけることができます。

また、深層の事前期待の中には、価値観や人生観に触れるような事前期待が多いこともわかってきました。もちろん、あまりに深層の事前期待には、「幸せになりたい」というような、サービス事業としてどう応えたらいいのかわからないものもあるため、闇雲に事前期待を深掘りすることがいいとはいえません。しかし、優れたサービスには、この価値観や人生観に触れる事前期待に応えているものが多く見られます。その代表例が、先に取り上げたフォレストコーポレーションの家づくりを家族の物語にするサービスです。家づくりのプロセスを通して、顧客自らが家族への思いや人生観に触れる事前期待に気づき、それを実現していく。

表面的な家のスペックに対する事前期待だけをとらえていては、こういった事前期待を見つけることはできません。深層の「価値観や人生観に触れる事前期待」をサービス事業の中心に据えたことによって、ほかにはない感動サービスを生み出すことができたといえます。

このように、事前期待の階層構造を意識することで、価値ある事前期待を見つけやすくなります。

顧客を事前期待で再定義する

価値ある事前期待を見つけたからといって、スローガンに掲げるだけでは意味がありません。これを顧客の定義に落とし込むのです。「顧客はどんな事前期待を持った人なのか」を定義します。

たとえば、保険の相談窓口のサービスで、「自分で納得して決めたい」という事前期待の顧客には、スタッフができるだけ丁寧な説明とこまめなQ＆Aを繰り返すことで、とことん理解して納得していただく必要があります。一方で、「考えるのが面倒なので私に合った保険をお勧めしてほしい」という事前期待の顧客に対して同じように丁寧な説明を始めると、「やっぱり面倒」と思われて、二度と相談に来ていただけなくなります。このように、顧客の事前期待の違いによって、対応の仕方を180度変えなければならないことはすぐにわかります。このように「事前期待」で顧客を定義すると、具体的に明日からどんな努力をすべきか、誰でもピンとくるのです。サービスは顧客と一緒につくるものなので、顧客接点の現場にいるスタッフが努力のポイントにピンとこなければ、サービスを改革することはできません。その意味でも、事前期待の観点で顧客を定義することは、優れたサービスを実現するうえで極めて重要なのです。

しかし、多くのサービス事業者では「顧客の定義」は、さまざまな顧客を十把一絡げにして、「お客様」の一言ですませています。また、マーケティングなどで顧客のターゲットを決める場合、「30代独身女性」といった具合に、顧客を年齢や性別、家族構成などの属性情報で定義することも多いものです。しかし、「30代独身女性に喜んでもらえるサービスをしなさい」といわれても、現場はピンときません。「30代独身女性」といっても、その期待は人によってさまざまだからです。事前期待の観点で顧客を定義することは、優れたサービスを実現するうえで欠かせません。

実際に事前期待で顧客を定義してみると、多くの気づきが生まれます。

ある企業では、顧客の事前期待をあまり挙げることができませんでした。今までの努力が「顧客のため」ではなく、いかに商品やサービスを買わせるかという、提供者都合の押しつけになってしまっていたことに自ら気づいたところから、全社的なサービス改革が大きく進み始めました。その結果、1年で劇的に顧客からの評価が高まり、業界を代表するサービスとして一目置かれるようになりました。

他の企業では、事前期待で顧客を定義したところ、今までの努力では、やればやるほど自分たちから去ってしまう顧客がいることが明らかになりました。そこで、事前期待に合わせて応対方法を4タイプに分けることで、短期間に顧客満足向上とサービス受注を劇的に高めることに成功しました。

このように、事前期待を中心にサービスを組み立て直すことは、業界の常識や提供者目線にとらわれていた意識の改革にもつながり、優れたサービスへの大きな一歩になるのです。

本章では、サービスの本質である事前期待についての理解と、価値ある事前期待を見つけるための実践のヒントを解説しました。中心にどんな事前期待を据えるかでサービスの在り方が大きく変わることはおわかりいただけたと思います。価値ある事前期待への着眼点や、事前期待の階層構造を意識することで、価値のある事前期待を見つけてみてください。さらにはそれを、「我々のお客様はどういう事前期待を持った人なのか」という顧客の定義に落とし込むことで、優れたサービスに向けての目標地点を明確にしていただければと思います。

第3章

信念を原動力にする

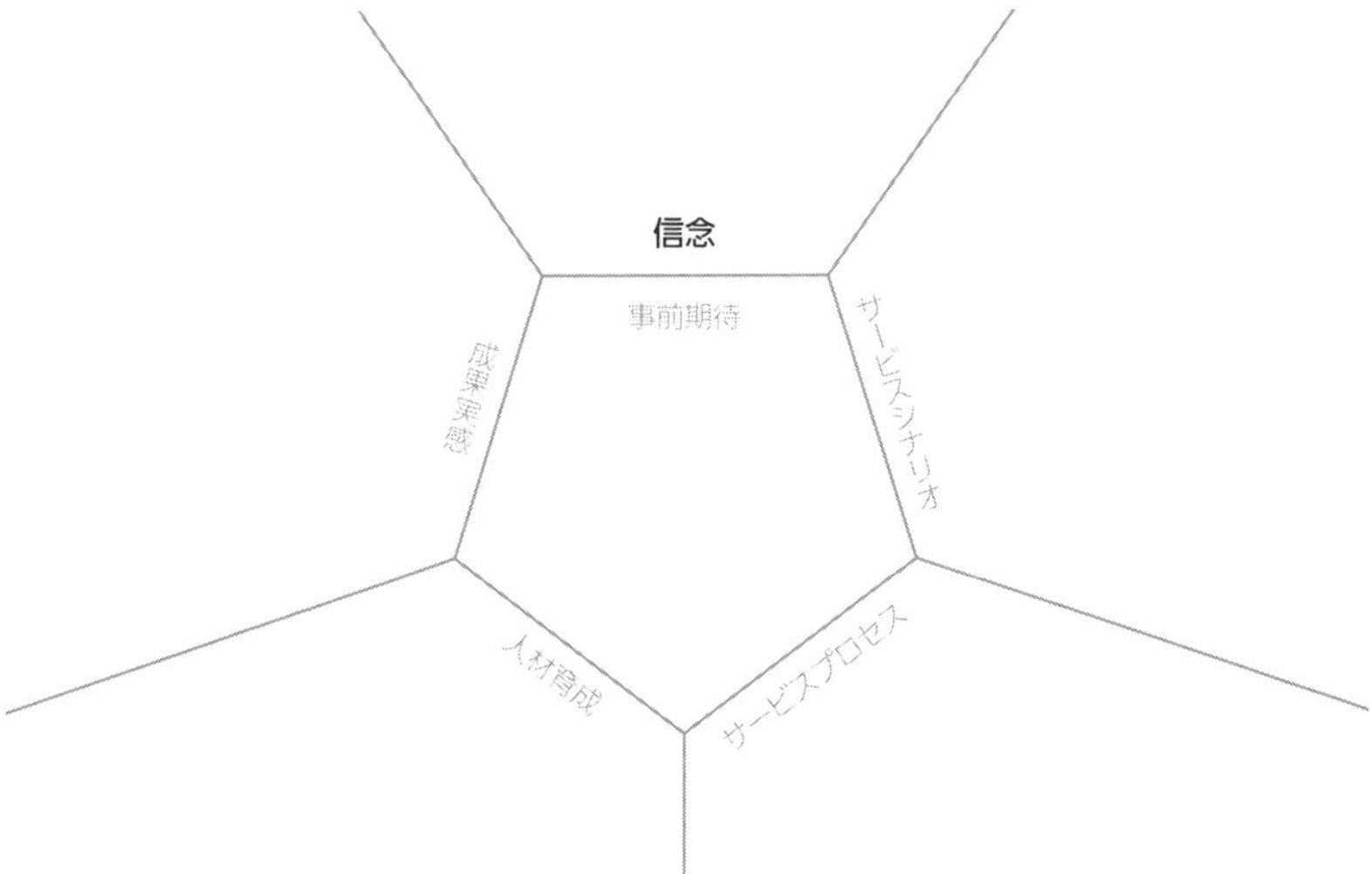

サービスを磨き上げる信念

サービスを磨き上げるためには、いくつもの壁を乗り越えながら取り組みを推進しなければなりません。そこで本章では、サービス事業者の熱い思いである信念にフォーカスを当てます。

優れたサービスを論理的にひも解く本書の中では、少しロジカルさに欠けるかもしれません。しかし、サービスとは「信念」があるからこそ磨きがかかるのです。その思いが推進メンバー内で共有されることで、取り組みが壁にぶつかっても乗り越えようとする原動力になります。その熱はやがて周囲に伝播し、組織全体を巻き込んだ大きな変化を生み出します。推進するメンバー自身が熱い思いを持つことに加えて、その熱を周囲に伝播させることはとても重要です。

本章では、この信念とはどういうものなのか、その思いを伝播させるにはどうしたらいいのかを、事例とともに解説します。

信念の原点とは

信念には、まず「ビジョン」が必要です。「ビジョン」がなければ、どこに向かって走ればいいのかわかりません。明確なビジョンを持ち、そのビジョンの実現に共感を得ることは、取り組みを組織的に進めるうえで欠かせません。しかし、ビジョンだけでは不十分です。「使命感」がなければ、「誰かやってよ」と他人まかせになってしまい、何も動き出しません。自らの手でこの取り組みを成功させなければ、という一人ひとりの使命感に火がついてこそ、優れたサービスの実現に向けた取り組みは前進し始めるのです。

この「ビジョン」や「使命感」は、何かのきっかけで、自身の中にもともと抱いていた思いに火がつくことで表面化することが多いと感じています。筆者がサービス改革をお手伝いさせていただく中で、取り組みに熱心な方は、よく次のような思いを話してくれます。

> 自分の社会人人生は、あと何年かと数えてみました。それまでに自分はこの会社で何がしたいのだろうかと考えたのです。そして湧き上がってきたのは「青臭い志」。自分が若かりし頃この会社で目を輝かせて語っていた熱い思い。自分はこれまで長い社会人

人生の中で、社会の厳しい風にさらされて、社内でもいろんな壁にぶつかる中で、いつしか「青臭い志」を見て見ぬ振りをしてきてしまった。最後の大仕事として、この「青臭い志」を成し遂げたいのです。もしくは、今まさに志を持ってがんばっている我が社の若手が、それを捨てずに遂げられるような会社に改革したいのです。ようやく自分の成すべきことが見えました。青臭い志に、もう一度チャレンジしようと思います。

サービス改革などの難しい取り組みを進めるとき、信念が原動力になります。その信念の原点は、誰しもが抱いている青臭い志にあるのかもしれません。それは、自分自身の在り方であり、サービス事業の在り方に通じます。優れたサービスを実現することは、サービス事業者自身の自己実現にも直結するのです。

第1回日本サービス大賞を受賞したサービスの中にも、こういった信念を原動力にしているサービスがたくさんあります。どんな思いを持ち、それをどうやって周囲に伝播させているのか、その一部を紹介します。

食べ物つき情報誌
「食べる通信」

地方創生
大臣賞

一般社団法人日本食べる通信リーグ／特定非営利活動法人東北開墾

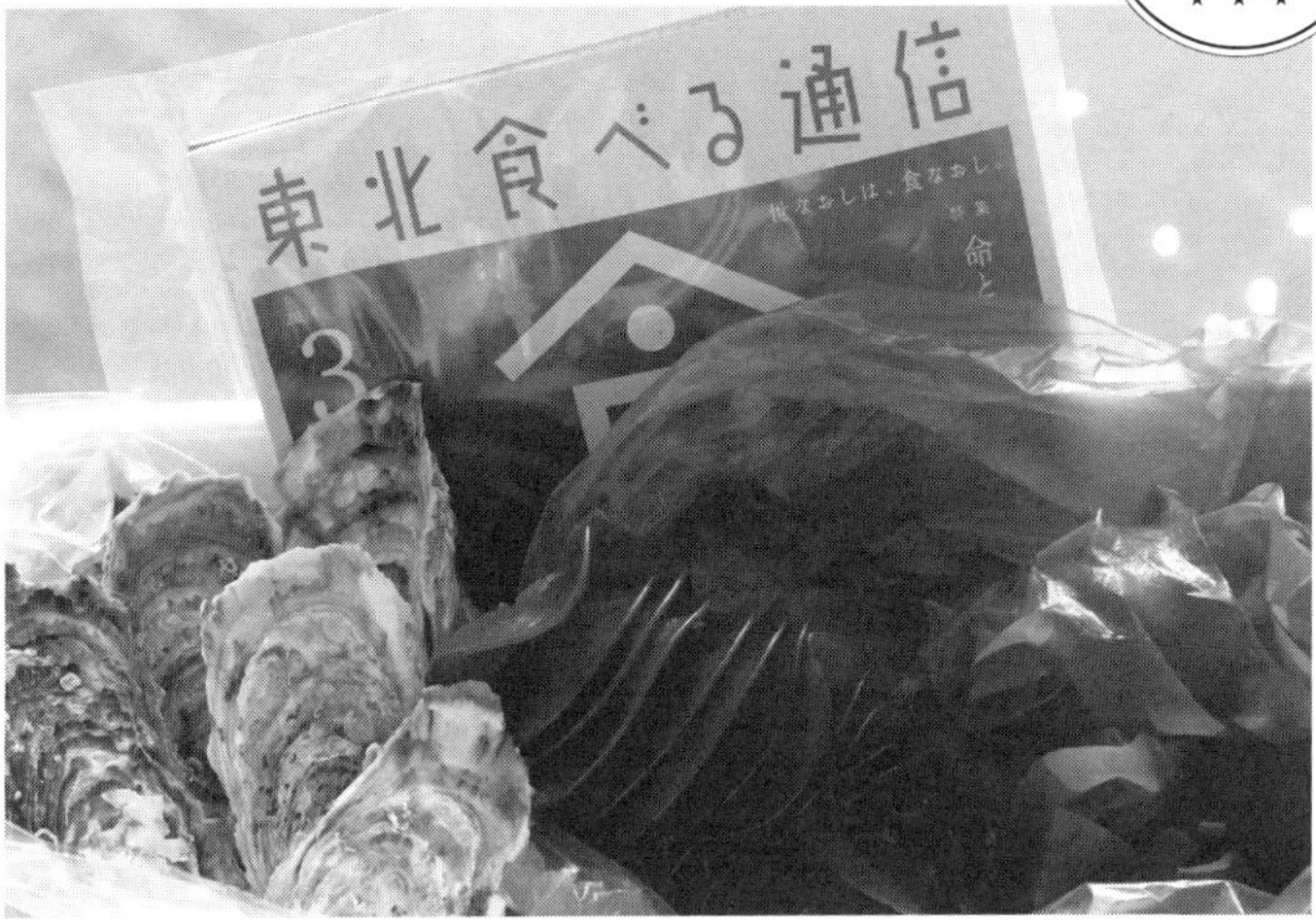

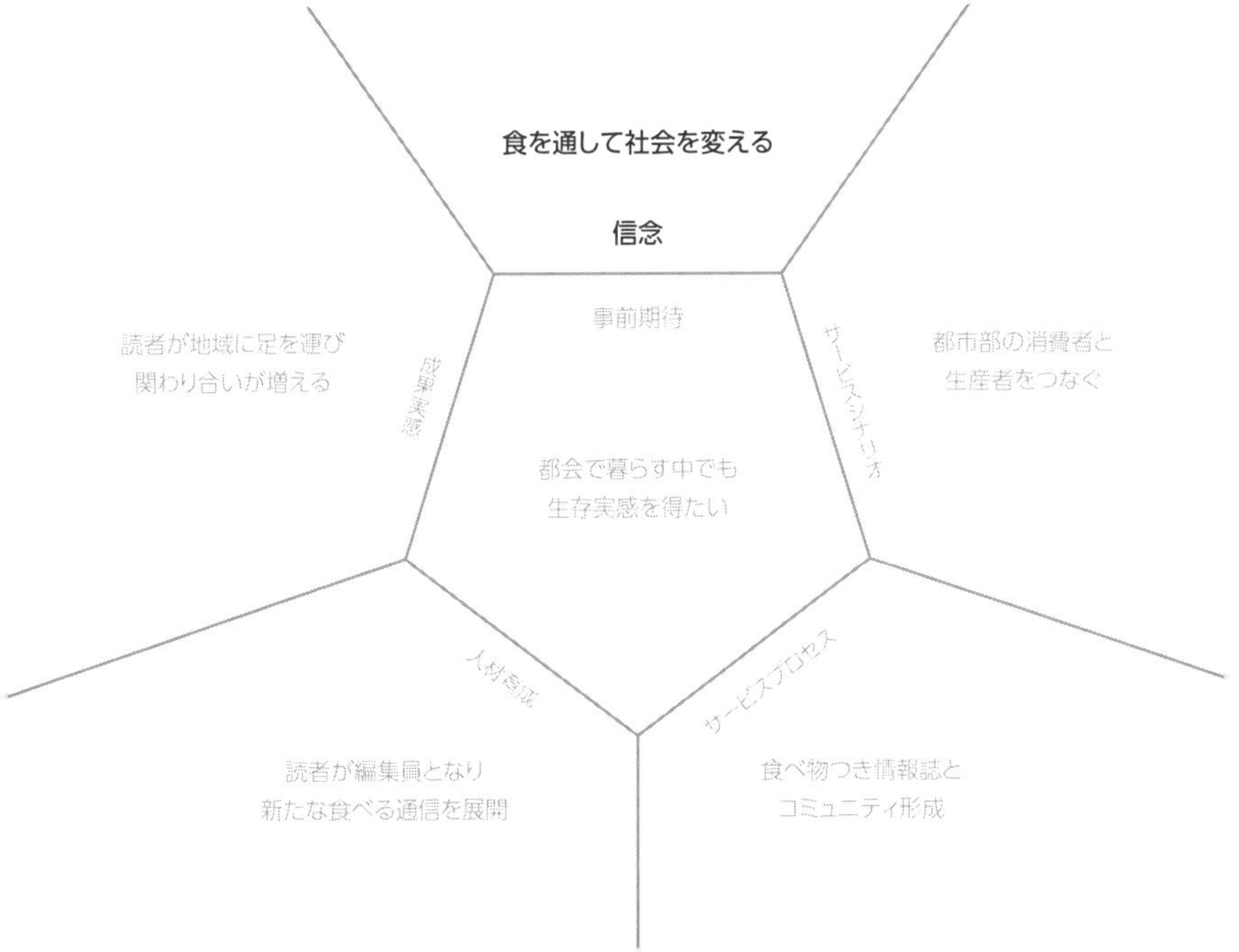

2011年の東日本大震災をきっかけに、地域の生産者と都市に暮らす消費者をつなげ、地域と都市が連帯できる社会をつくりたいという想いの実現に向け、生活に欠かせない食を媒介にした「食べる通信」が生まれた。史上初の食べ物つき情報誌であり、情報とコミュニケーションで生産者と消費者をつなぐコミュニティサービスとして注目を集めている。

「食べる通信」は全国37地域で「○○食べる通信」が発行されている（2017年2月時点）。購読者のもとには定期的に、情報誌とその特集で紹介された生産者のつくる1～2人前の生産物（食材）が一緒に届く。たとえば、牡蠣漁師の特集では新鮮な牡蠣が一緒に届き、秋口の農園の特集ではそこで採れる旬な栗がセットになっているという具合だ。誌面ではその食材のレシピもついている。毎号の特集では、その地域に根差した生産者の、生産物にかける情熱やエピソード、生活や生き方などが鮮明に描写されている。読者はその食べ物の裏側の情報を知るだけでなく、生産者の熱い想いを感じながらその食材を「アタマと舌で」味わうのだ。気に入った食材はネット上から「おかわり」としてオプション購入することもできる。

食べる通信は「読む」「食べる」の単なる一過性の情報誌ではなく、その本質はその先の「つながる」を重視している点にある。読者は、届いた食材と情報誌を楽しみながらSNSで生産者や他の読者と交流し、感謝の気持ちや感動をシェアする。さらに、生産者や他の読者との直接の交流を通じて絆を深めることで、より長期的な関係へと発展、生産者のファンを育むことができる。運営側は、それらを支援するコミュニティの運営、交流イベントや現地ツアーなども行っている。その結果、関心を持った読者が実際にその地を訪れ、食材を買い、作業を手伝う、などその地域経済に積極的に関わるようになっており、地域活性化への貢献は大きい。このサービスを通して取引量を増加させた生産者もいるなど、新たな地域づくりの一助となっている。その地に移住したり、その土地の家に嫁いでしまうほどの読者もいるという。

【受賞理由】

生産者の想いが詰まった情報誌と生産物を届けるだけでなく、その先の「つながる」を重視し、読者の大半を占める都市部と地方、消費者と生産者を結びつけている。関心を持った読者が実際にその地を訪れる、食材を買う、作業を手伝う、などその地域経済に積極的に関わるようになっており、地域活性化への貢献は大きい。東北を起点に全国20カ所以上（２０１５年時点）の「食べる通信」に展開されている。

「食を通して社会を変える」という信念

この食べる通信のサービス事業の原動力は、日本食べる通信リーグ代表の高橋博之氏の信念であり、それに共鳴した人びとの熱い思いです。

2011年、東日本大震災の復興支援に都市部から多くの人びとが東北を訪れました。支援者に助けられ、いろいろなものを与えてくれたことに感謝し、恩返しをしたいと考えた高橋氏は、支援に来てくれた人たちとたくさん話をしました。すると、あることに気づいたのです。復興支援を通して与えられるばかりだと思っていたのに、実は都会から復興支援に訪れた人たちもまた、何かを得て帰っているということ。それは、高橋氏の言葉を借りれば、「生存実感」。今、ここに自分は確かに生きているという実感だといいます。

都会の生活は、モノや情報、機会に恵まれています。働いた時間に応じて給料がもらえるように、労力に見合った対価を得やすい社会での生活だといえます。それに対して、地方の一次産業を営む人びとの生活は、モノも情報も機会も限られています。しかも、自分の努力とは関係なく、海が荒れれば漁に出られず、気候が乱れれば農作物は不作になる。労力に見合った対価が保証されていない自然環境の中で、懸命に生活を営んでいる。そこには、物質的には恵まれていなかったとしても、強烈な生存実感があるのです。都会の人々が、一次産業を営む人びとの生活に触れることで、都会での生活には生存実感が少ないことに気づかされます。この生存実感を得た人は、復興支援中も、その後も、仕事の休みを利用してまた戻ってきてくれるそうです。

食べる通信は、「世なおしは、食なおし」と掲げています。「食を通して社会を変える」という高橋氏はこう語ります。

「今、本当の意味で『いただきます』という思いを込めて、食事をしている人が日本にはどれくらいいるでしょうか。また、一次産業を営む人びとが命を燃やして得た生産物を食すことに、どれくらい感謝しているでしょうか。ただただ空腹を満たすために食べ、健康のために食べる。大量生産大量消費の社会の中で、いつしか私たちが〝食物を食べる〟ことは、〝命をいただく〟ことだということを忘れてしまってはいないでしょうか。費やして消していくだけの〝消費者〟になってしまってはいないでしょうか。私たちは、命をいただくことに感謝し、心から『いただきます』といえる生活者でなければならないと思います。つまり『食物を活かして生きる生活者』です。地方の生産者と都会の消費者がつながることで、地方には経済的豊かさがもたらされ、都会の消費者には生存実感という心の豊かさをもたらすのです」。

この高橋氏の強い信念に、多くの人が心を打たれて、このサービス事業を支えています。食べる通信では、生産者と読者、事務局のコミュニケーションの質を担保するため、購読者数は1500名を上限と決めています。この上限人数を引き上げれば、このサービス事業はもっと収益を上げられるはずです。しかし高橋氏は、そうはしないといいます。そして、「商売に勝っても、社会を変えられなかったら意味がないんです」と。

高橋氏の信念は、いま着実に波及しています。食べる通信や高橋氏との車座座談会を通して心を打たれた読者や応援者が、今度は運営者側になって、食べる通信を各地で立ち上げています。また、生産者と読者をつなぐコミュニティマネージャーとして活躍する読者もおり、創刊2年にして、食べる通信のサービスは東北を飛び出し、日本各地の37地域に展開されています。高橋氏は「どんどん舞台の上にあがってきてほしい」といいます。もはや、食べ物つき情報誌という言葉では表現しきれない、社会的意義のあるサービス事業として、食べる通信は地方創生の在り方を私たち一人ひとりに問いているのかもしれません。

日本の素晴らしさを伝える「道頓堀ホテル」

★ ★ ★
優秀賞
（SPRING賞）
★ ★ ★

株式会社王宮

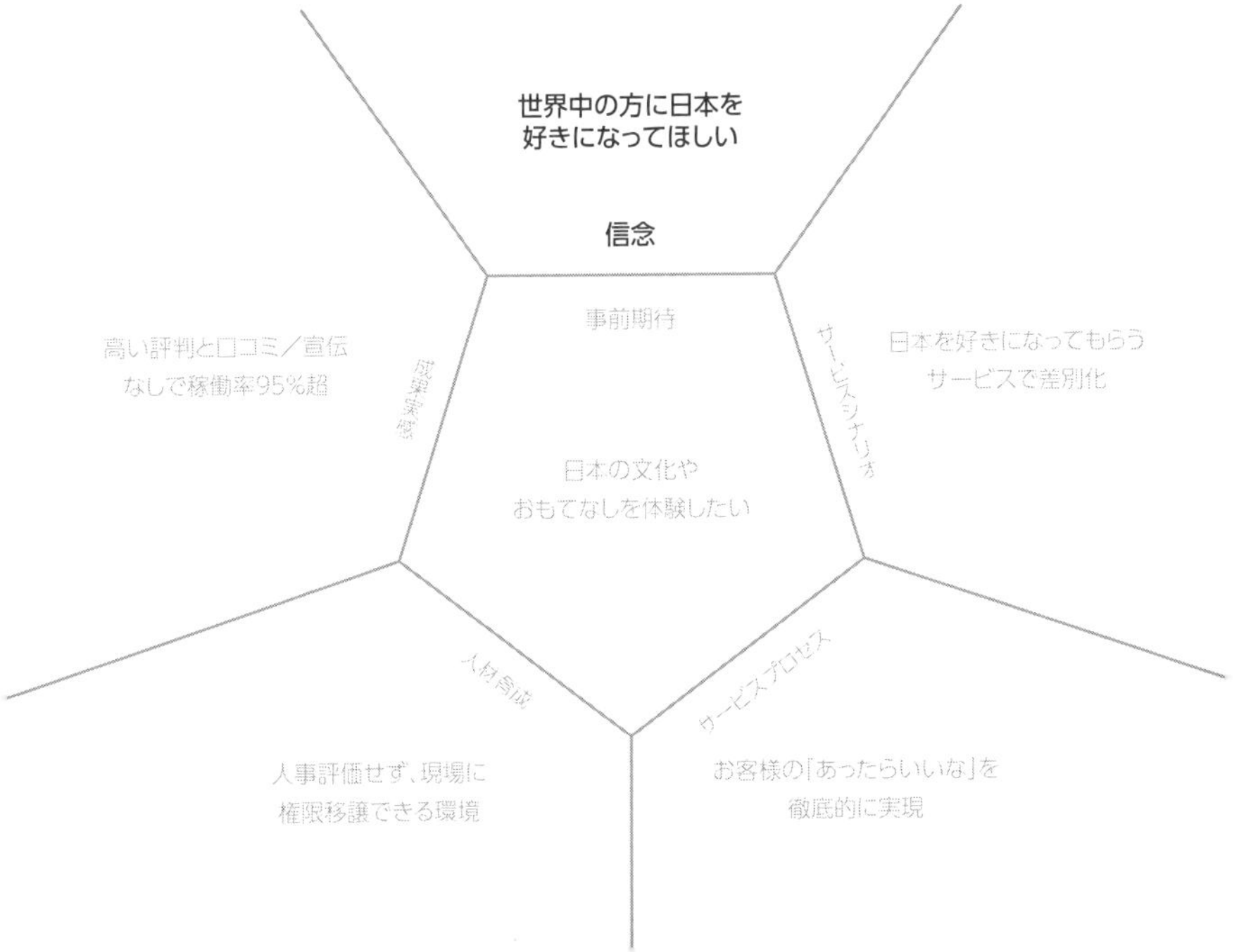

観光客が多い大阪・難波の繁華街・道頓堀の一角にある、一風変わった4体の巨大な像を正面玄関に据えるホテルが「道頓堀ホテル」だ。116室の客室を持ち、宿泊客の大半は外国人個人旅行客。「日本のおもてなしや文化を世界中の方に体験していただき、日本を好きになってもらう」というミッションを掲げる。

同ホテルの客室は一見したところシンプルで特に変わったところはない。他のホテルと決定的に違うのは、客室などのハード面ではなく、外国人宿泊客に対するおもてなしサービスの数々だ。ターゲットを「東アジアの20代女性個人旅行客」と絞込み、このターゲット層が期待するサービスを徹底的に行う。ホテルロビーでは、曜日替わりで、着物体験、生け花体験、うちわ制作、ネイルアート、輪投げなどの日本文化体験や、たこ焼き・手巻き寿司づくりといった日本食文化体験などの無料イベントが行われ、宿泊客で賑わう。

また、世界中どこへかけても無料の国際電話サービス、30カ国以上の通貨との無料両替サービス、24時間フリードリンクなど、他であれば有料でもおかしくない数々のサービスを提供している。日本ならではのチェックイン時のおしぼりや、7カ国語に対応したスタッフの手づくり観光ガイドブックなども外国人客に大好評だ。このように外国人客が「あったらいいな」と感じるサービスを次々と具現化するのが道頓堀ホテルの特徴だ。驚くことに、夜になると、フロント前のロビーには「屋台」が現われ、生ビールやワインとともにラーメンが無償で振舞われる。外からの飲食物持ち込みも許容しており、ロビーは歓談する宿泊客で溢れ、まるで宴会場のようである。通常のホテルではまったく想像できない光景だ。

道頓堀ホテルでは、自分たちのウリは価格競争力ではなく、外国人宿泊客への徹底的なおもてなしだと位置づけ、基本的には宿泊料金を値引きしない。大手旅行代理店を通じたディスカウント販売も行わない。そのぶん、宿泊客が望む「あったらいいな」に最大限応えるのだ。その結果、宿泊客の極めて高い満足を得ることにつながり、評判が口コミやＳＮＳで広がり、外国人個人旅行客からの圧倒的な人気が高まっている。その結果、半年先までの予約が埋まっており、客室の年間稼働率は95％を超えている。

【受賞理由】

利用者が感動し、日本を好きになるようなおもてなしや、体験イベント、顧客が「あったらいいな」と感じる各種サービスを、顧客とのふれあいの中から次々と生み出し、進化させ続けている。感動した宿泊者がリピーターになり、その口コミで日本を訪れる観光客が増えるなど、観光立国日本の好循環モデルのひとつとして優れている。

「日本を好きになっていただく」という使命感

道頓堀ホテルは、宿泊客に「世界中のお客さまに日本のおもてなし・文化を体験していただき、心に残る思い出づくりをお手伝いし、一人でも多くの方に日本を好きになっていただく」という強い使命感の元で運営されています。

同ホテルの責任者で専務取締役の橋本明元氏は、東日本大震災のときに世界のメディアが日本を賞賛したことに感銘し、「災害時であっても食料を奪い合うのではなく、並んで分け合うような、日本人の美しい心やおもてなしの精神を世界に発信したい」と考えるようになったそうです。

「たとえ嫌日家の方であろうとも、温かいふれあいとおもてなしで日本を好きになっていただくことで、国の架け橋になりたいのです。国家間の関係はすぐには改善が難しいけれど、日本を好きになる方が増えることで国民同士が仲良くなり、将来の紛争がひとつ減るかもしれません」とまでいいます。「自社のリピーター」を増やすことが目的ではなく、「日本のリピーター」を増やすというスケールの大きさをここに感じます。

そのような橋本氏のもとには、多くのスタッフ希望者が集まります。道頓堀ホテルの採用基準は「道頓堀ホテルの理念・使命に共感できるかどうか」が最も重視され、何時間もの面接を経て選抜されます。採用後も毎月、さまざまな企業の事例を使った勉強会が開かれ、スタッフは理念経営を学び、議論し合うことで、スタッフの使命感をさらに高めます。

また、橋本氏は「私たちは売上や利益を求めるだけでなく、道頓堀ホテルで働くすべてのスタッフが、ここでのサービス提供を通じて幸せと誇りを実感できることが私たちの経営ビジョンです」といい切ります。

実際に働くスタッフの方にインタビューすると、道頓堀ホテルのサービスや顧客とのふれあいを通じてその理念・使命を実現することに、強い喜びを感じている方々ばかりなのが印象的です。

ある日、道頓堀ホテルを訪れた際にフロントの女性スタッフが、勤務時間中に子どもと遊んでいました。よく見ると、海外の宿泊客のお子さんに、日本の伝統的な遊びである「輪投げ」を教えていたのです。道頓堀ホテルには、私語禁止のルールや型にはまったマニュアルはありません。こうした顧客との直接のふれあいやおもてなしを第一に考える風土がありま す。経営トップやスタッフの強い理念と使命感が道頓堀ホテルの原動力となっています。

信念を貫ける組織風土づくりと権限委譲

多くの企業では、社員の動機づけのために、社内評価やインセンティブを与えています。もちろんこういった動機づけが悪いわけではありませんが、どうしても社員の視点が内向きになって、社内からの評価を上げるための行動になりがちです。トップダウンの強い号令のもとに半強制的に目標管理に落とし込まれることもあります。こういった強制感や、やらされ感では、社員のやる気にうまく火がつかないことが多いものです。

そのような中、この道頓堀ホテルの取り組みは、非常にユニークです。実はこの道頓堀ホテルではスタッフの人事評価やボーナス査定を行っていません。スタッフは毎年一律の昇給が保証されています。つまり、社内での評価を気にして働く必要はなく、１００％自分の信念である顧客に喜んでいただくことに集中して行動できるのです。

また、道頓堀ホテルでは、すべてのスタッフが1回20万円まで使える権限委譲のルールがうまく運用されています。上司の承認も、事後報告も必要なく、回数の制限もありません。たとえば、顧客に日本文化を伝えるための「生け花体験イベント」を考えついたスタッフが、それを実現するために3カ月間生け花教室へ通ったり、外観や館内を季節のイメージに合わせた装飾にするなど、スタッフが「20万円ルール」を利用して自主的に考え、行動し、宿泊客の「あったらいいな」を実現しているのです。

このように道頓堀ホテルでは、サービス向上のために3つの工夫をしています。それは、スタッフへの理念・使命感の浸透、信念を貫ける組織風土づくり、そして、現場への権限移譲です。これらは、他の事業者でも比較的よく聞く取り組みですが、過去に取り組んだけれど、うまくいかずやめてしまった事業者も多いのではないでしょうか。

道頓堀ホテルが成功しているのは、これらをセットで実践しているからです。人事評価だけいきなり止めると、モチベーションが下がりかねません。権限委譲のルールだけつくっても、無駄遣いが増えてしまうでしょう。まずは、理念や使命感の浸透がなされる必要があるのです。

「3ない」で進化した店舗サービス

株式会社りそなホールディングス

優秀賞
（SPRING賞）

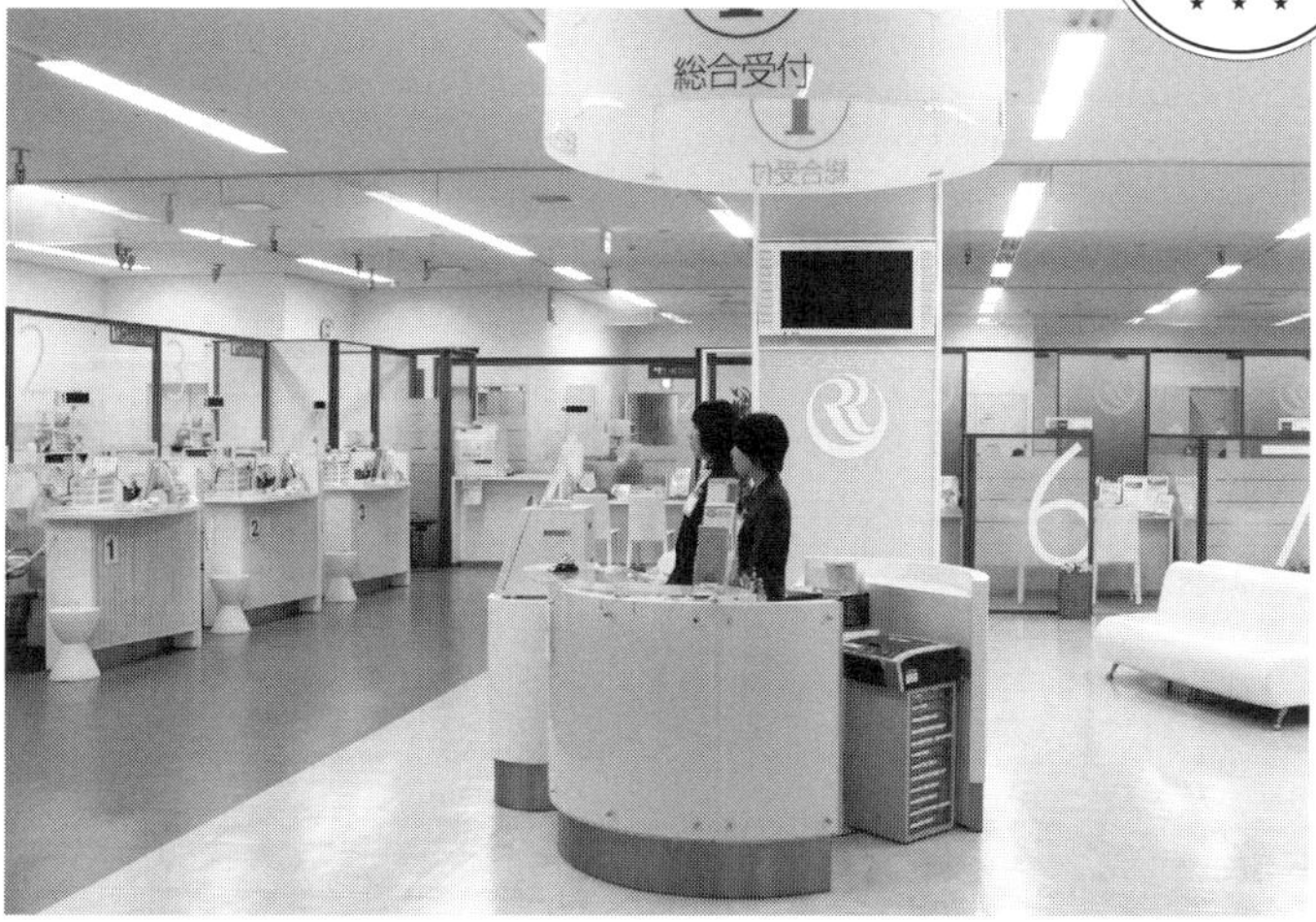

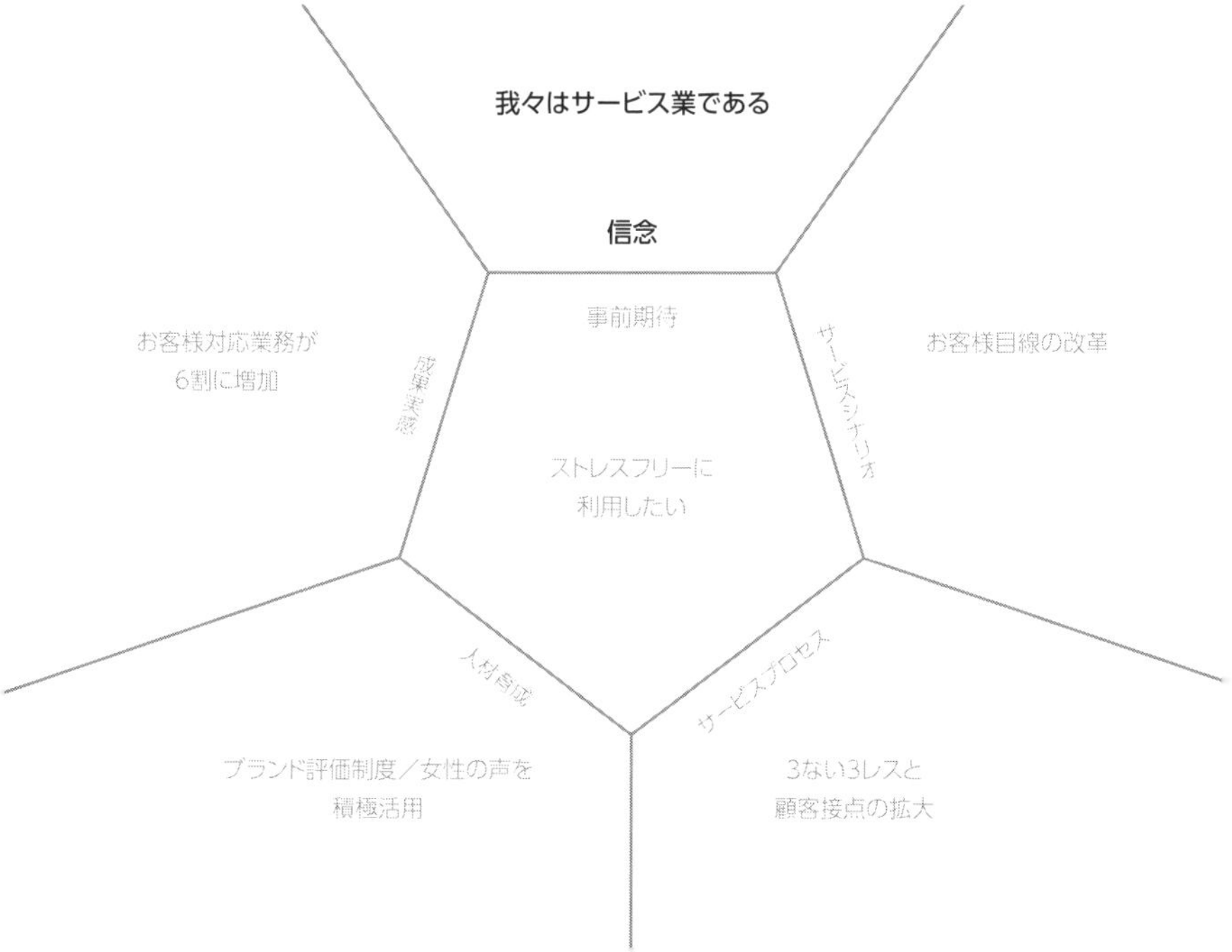

りそなホールディングスは、りそな銀行、埼玉りそな銀行、近畿大阪銀行の3つの銀行を傘下に有し、首都圏および関西圏の2大都市圏を中心に、信託業務を併営する国内最大の商業銀行グループだ。そのりそなホールディングスは、2000年台初頭にかけて、立て続けに起きた金融危機により、2003年のピーク時には、3兆円を超える公的資金の注入を受けた。

この危機の中、銀行再生のラストチャンスとして顧客の信頼回復に向け、「金融サービス業」として生まれ変わることを決意し、従業員の意識改革とサービス改革を推進した。「りそなの常識は世間の非常識」を合い言葉に、銀行窓口での〝3ない（お客様が、待たない・書かない・押さない）〟の導入や、全店舗17時まで営業時間を拡大するなど銀行業界においては独自のアプローチで店舗サービスを展開している。

つまり、顧客が銀行窓口で不満を感じている「長い待ち時間」や「煩雑な手続き」をなくす「3ない（待たない・書かない・押さない）」と、銀行側の事務を効率化する「3レス（ペーパーレス・バックレス・キャッシュレス）」を並行して進めることで、顧客の待ち時間を半減。さらに事務スペースを約2分の1に圧縮して、顧客のためのスペースを2倍に拡大。また、従来は事務に携わっていた従業員の約4割が、顧客向けサービスに関るようになった。これらの改革によって、銀行の店舗は、顧客にとって「単なる事務手続きの場」から「相談の場」となり、効率化と顧客サービスの価値向上を両立するリテールサービスへと変わったのである。そのりそなホールディングスは２０１５年６月、公的資金を完済し、完全復活を遂げた。

【受賞理由】

銀行窓口での〝3ない〟の導入や、全店舗17時まで営業時間を拡大するなど銀行業界においては独自のアプローチの店舗サービス。「待ち時間の半減」「顧客スペース倍増」「４割が顧客対応業務に充当」など、効率化と顧客サービスの価値向上を両立するリテールサービスの優れたモデルである。

りそなの変革のカギとなった「危機感」

いま銀行は、サービス向上に熱心に取り組んでいます。その代表例として、りそなホールディングスのサービス改革は、他業界においても参考になる点がたくさんあります。ここでは、サービスの中身そのものではなく、なぜ金融業界でこのようなサービス改革が実現できたのか、その進め方に着目します。

りそなホールディングスは公的資金による、多額の資本増強を受けたことが改革のきっかけとなりました。しかし、サービスを改革することは簡単なことではありません。サービス改革のカギになったのが、「危機感」です。この改革を成功に導くために必要な「ビジョン」と「使命感」に、「危機感」を加えたのです。「りそなの常識は世間の非常識」を合い言葉に、徹底的に「我々はサービス業である」ということに向き合う。これは、りそなホールディングスが「金融サービス業」として生まれ変わるための顧客目線のサービス改革だといえます。

サービスは顧客と一緒につくるものです。そうしたサービスの観点で自社の事業を見つめ直してみると、今まで本当にサービスを提供することができていたのだろうか？　もしかして、顧客の事前期待をとらえずに、一方的に提供者都合を押しつけてしまっていなかっただろうか？　良かれと思ってやったことは、顧客の事前期待に合っていたのだろうか？　と、自問自答をすることになります。

りそなホールディングスが、「金融サービス業」として生まれ変わるための顧客目線のサービス改革は、こういった自問自答を通して、我々はサービスを提供することすらできていなかったかもしれないという「危機感」を高めていった点にあるといえます。「りそなの常識は世間の非常識」、ここには、自分たちは顧客の事前期待を中心に据えて考えることができていなかったのではないかという問題意識が込められているのです。

「我々はサービス業である」

りそなホールディングスのサービス改革は、ビジョンと使命感と危機感を持って、この言葉にどれだけ向き合えるかを問いているのだと思います。

信念を伝播させる

信念を原動力にする「ビジョン」「使命感」「危機感」

本章で取り上げた3つの事例は、サービスの内容は違っていても、熱い思いを持ち、それを周囲に伝播させることで、優れたサービスを実現していました。

食べる通信は、「食を通して社会を変える」という熱い思いを代表の高橋氏が語り、サービスに込めて発信しています。「商売で勝っても社会を変えられなかったら意味がない」とまで言い切るその信念が、共感の輪を広げ、読者が生産者を訪ねたり、助け合いが生まれたり、ついには読者が別の地域で新たな「食べる通信」を立ち上げたりと、読者をも突き動かしているのです。

道頓堀ホテルでは、責任者である橋本氏が「海外の方にもっと日本を好きになってもらい、日本のリピーターを増やしたい」という使命感を明確に示し、同じように使命感を持てるスタッフを積極的に採用しています。こうした共通認識を持てることで、評価をしないという人事制度と1回20万円の現場への権限移譲が、サービス向上のためにうまく機能しています。

このように、ビジョンや使命感を明確に示し、そこに共感の輪を生むことで、組織全体や顧客までも巻き込んで、優れたサービスの実現への原動力にしているのです。

さらには、りそなホールディングスの事例からは、ビジョンのように前向きな信念だけでなく、強烈な「危機感」もサービス向上の原動力になるといえます。危機感に火をつけることで、「なぜ今までのやり方を変えなければならないのか」と、長年にわたって変化を生むことができなかったサービスを改革するのです。

どのように危機感を組織に醸成できるかは、事業成長そのものを左右するほど重要です。特に事業がうまくいっているときほど、経営からミドルマネジメント、そして現場に至るまで、正しく危機感を持たなければなりません。さもなければ、危機が実現してから慌てふためくことになってしまいます。ビジョンと使命感に「危機感」を加えることは、サービスを改革する大きな原動力を生むことができるのです。

問題の全体像を明らかにして「危機感」を伝播させる

しかし、危機感を伝播することは簡単でありません。そこで有効なのが、「問題の全体像」を明らかにすることです。

サービスに関する問題は実に複雑です。「サービス事業の売上が向上しない」「顧客が増えない」「顧客満足度が低い」などの問題は、さまざまな原因が複雑に絡み合っています。多くの場合、特定の問題の原因を深堀りする議論はあっても、問題の全体像を明らかにすることはしていません。全体像をつかまずに目の前の問題に着目しても、議論がかみ合わなかったり、他のところで問題が発生したり、「それよりこっちの方が大事でしょ」と周囲から理解を得られなかったりと、本質的な問題解決が進みません。このようなときこそ、問題の全体像をはっきりさせる必要があります。

たとえば、営業組織の会議で、サービス事業の売上が伸びない問題について議論するとします。営業メンバーが自分たちや協力会社、市況や顧客に関する問題点について挙げることはあっても、上司の悪口ともとらえられかねない経営やマネジメントの問題点についてはあまり挙がりません。しかし、営業メンバーが飲み屋でビール片手に話して盛り上がるのは、経営やマネジメントの問題点だったりします。案外、飲み屋での話の中にも本質的な問題が隠れているものです。問題の全体像を明らかにするためには、普段の会議では目隠しをしている問題指摘まで含めてあぶり出す必要があるのです。

問題の原因を徹底的に明らかにしていくうちに、普段は目隠ししていた本音の問題指摘に切り込むメンバーが出てくると、それがきっかけで次々に堰《せき》を切ったように、根深く本質的な問題の原因が明らかになっていきます。問題の原因がもうこれ以上は浮かばないというところまで出し尽くすと、議論してきたメンバーの間に、組織を越えた危機感が共有されます。

さらには、「ここまで言ったからには、問題を解決するしかない」と、使命感も醸成されるのです。全体像さえつかめれば、あとはどの問題からどうやって解決していくべきか、比較的簡単に決めることができます。問題の全体像を見える形にできることで、危機感を周囲に伝播させやすくもなります。

このように「ビジョン」「使命感」「危機感」を明確に示すことで、周囲に熱い思いを伝播させて変化を生んだり、壁を乗り越える原動力を生むことができるのです。

第4章

進むべき道を示す
サービスシナリオを描く

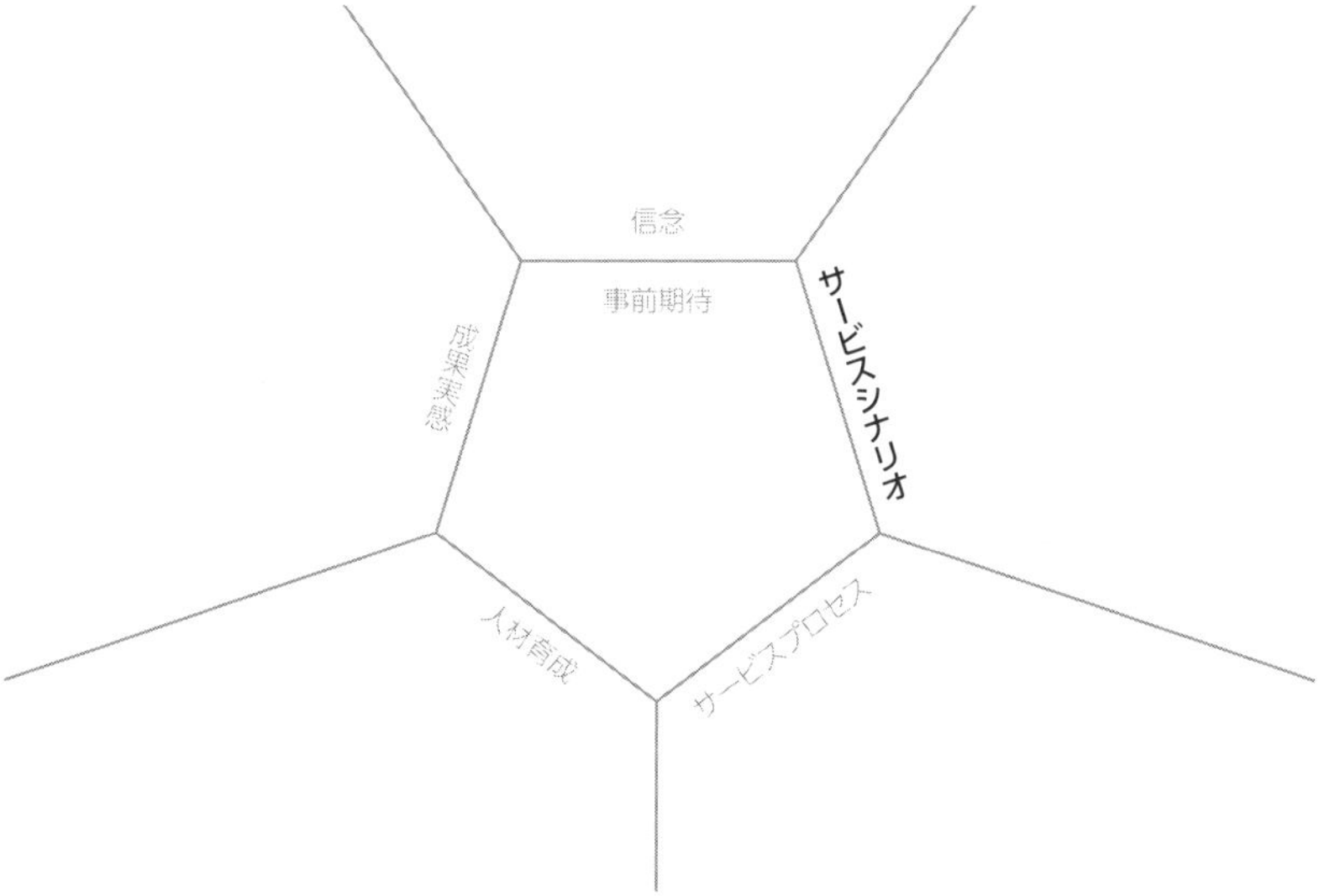

事業の羅針盤となるサービスシナリオ

優れたサービスの実現に熱い思いは大切ですが、それだけで取り組みを進めると、路頭に迷ってしまいます。本章では、サービス事業の羅針盤となる「サービスシナリオ」を取り上げます。

サービスシナリオとは、建前論や精神論ではなく、サービスのあるべき姿や方向性を示したうえで、それを通して得られる事業成長の成果、それを実現するための具体策について描いたものです。サービスシナリオは、優れたサービスの実現に組織一丸となるために欠かせないものなのです。

本章では特に、サービスの事業成長のシナリオを描く上でのポイントと、受賞事例から見えてくるシナリオの方向性について取り上げます。

サービス向上の正のスパイラルを回す

　サービス事業において、サービス向上に取り組む意義を例として描いてみると、図表10のようになります。顧客の事前期待に合わせてサービスを向上させることで、顧客の事前期待に応えられる場面が増えます。すると、顧客からの理解や協力を得ながらサービスを提供できるようになり、顧客に喜ばれていることも実感できます。

　サービススタッフは、実力を発揮でき、やりがいが増します。そして、サービスの品質と生産性が向上した結果、大満足の顧客が増えます。

　さらには、顧客ロイヤルティが醸成されてリピートや紹介が増え、盤石な顧客基盤が構築されることで収益が安定的に向上します。こうして

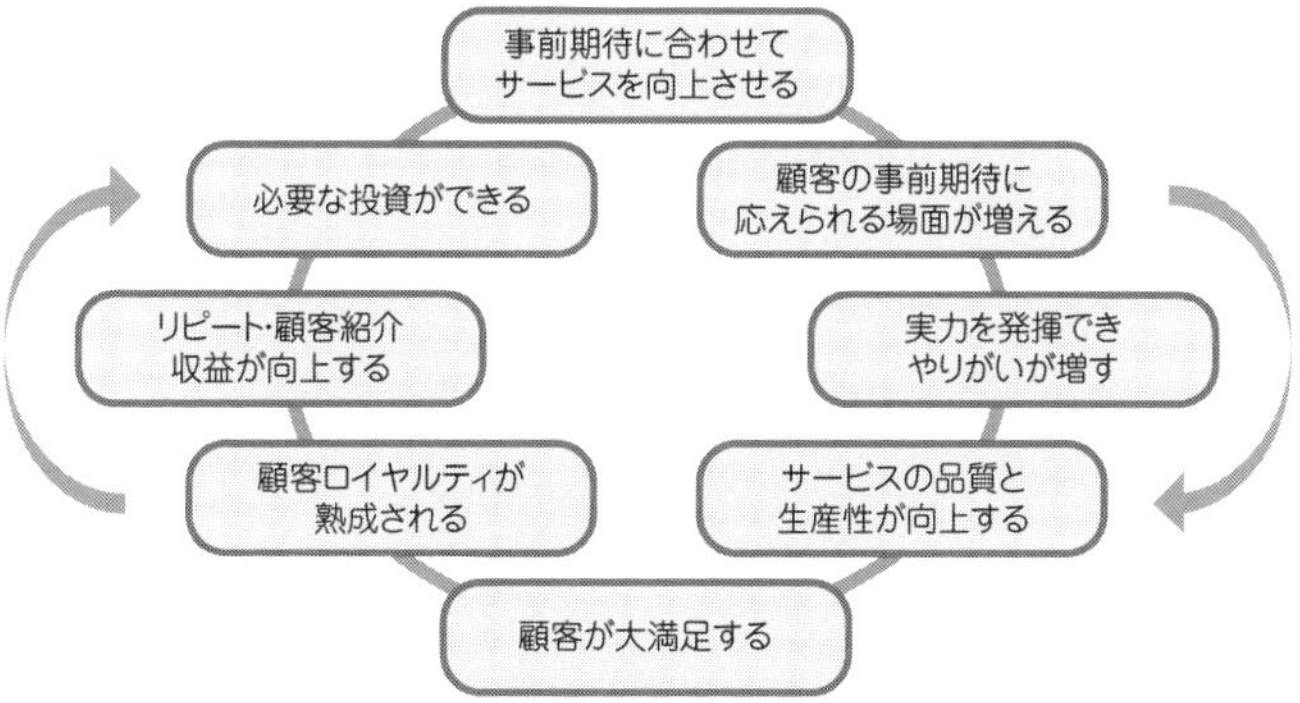

図表10　サービス向上の正のスパイラル

サービス向上に必要な次の投資ができるようになるのです。これをサービス向上の「正のスパイラル」と呼ぶことにします。

対して、図表11の「負のスパイラル」も見てみましょう。

顧客の事前期待に合ったサービス向上ができないとどうなってしまうのでしょうか。顧客の事前期待になかなか応えられないと、顧客からは急ぎの要求や不満の声があがり、その対応で現場が疲弊してやりがいが見出せなくなってしまいます。忙しさに負けてサービスの品質や生産性が高められなくなり、結果として大満足の顧客が増えません。

これでは顧客ロイヤルティが高まらないので、リピートや紹介が増えず、徐々に顧客が減り、

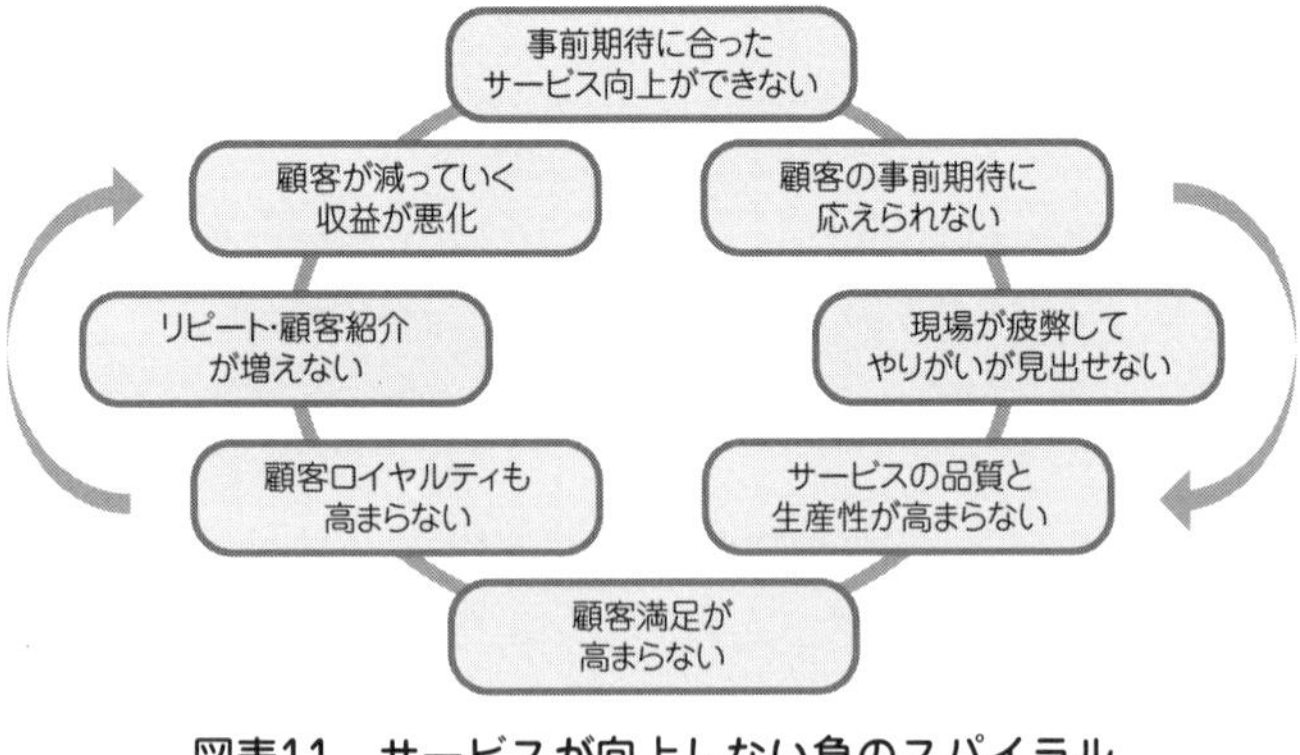

図表11　サービスが向上しない負のスパイラル

収益が悪化します。ついには余力がなくなりサービス向上に取り組めない状況に陥ってしまいます。

なんとなくわかっていたことでも、サービス向上の正のスパイラルと負のスパイラルとして見える形に描いてみると、サービス向上の必要性に納得感が高まります。これを参考に、自社のサービス事業に当てはめて、より具体的に描くことで、取り組みの意義や進むべき道を明確に示すことができます。そこで、サービスシナリオを描くための観点をもう少し解説します。

4つの観点で事業成長をドライブする

優れたサービスを実現している事業者は4つの観点を意識して、サービスの事業成長をドライブしています（図表12）。それは、「①サービスを受けたいと思っていただく」「②サービスで満足していただく」「③サービスを再度受けたいと思っていただく」「④サービスを誰かに勧めたいと思っていただく」です。

多くの事業者が、顧客に喜んでいただきたいという思いで、「②サービスに満足していただだく」に一生懸命に取り組んでいます。しかし、いくら顧客から「ありがとう」といわれても、それを事業成長につながらなければ意味がありません。サービス向上や顧客満足向上に取り組むには、その活動がどのように事業成長につながるのかを明確に描かなければなりません。①③④も見据えて、新規顧客やリピートを増やすといった成果を生み出す必要があるのです。さもなければ、顧客満足が建前論や絵に描いた餅になってしまい、誰も本気で取り組まなくなってしまいます。

　しかし、残念ながらサービスは目に見えないので、「①サービスを受けたいと思っていただく」は、簡単ではありません。モノであれば、見たり、触ったり、使ってみることが容易ですが、サービスはそうではないからです。だからこそ、利用前の顧

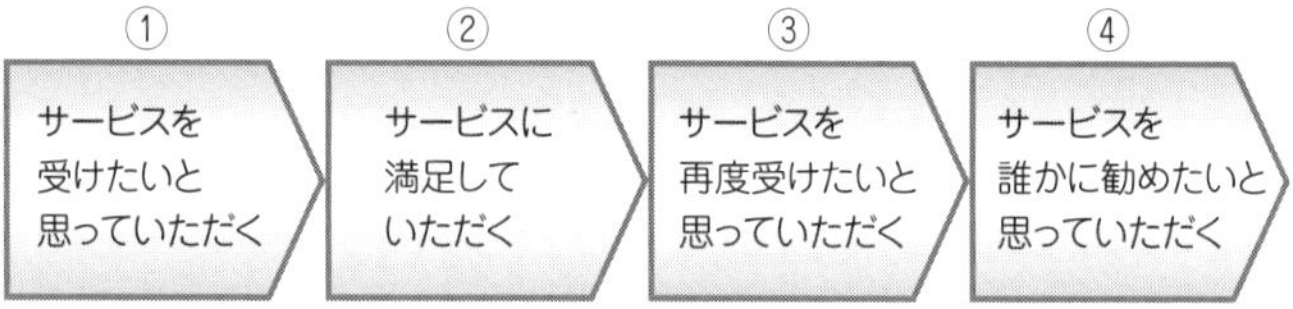

図表12　サービスの事業成長をドライブする観点

出典：『ツボにはまる店　ドツボにはまる店』佐野裕二著（2008　ダイヤモンド社）

客からの相談や手続きのサービスプロセスを磨くことが重要になってくるのです。この対応ひとつで、サービスを受けたい気持ちを高められるか、冷ましてしまうかが分かれるのです。

多くの場合、顧客満足向上の目的に、「③サービスを再度受けたいと思っていただく」や「④誰かに勧めたいと思っていただく」を掲げています。しかし、顧客満足が向上したのにリピートや顧客紹介が増えずに悩んでいる事業者が多いのが実情です。後ほど第7章で詳しく触れますが、リピートにつながる顧客満足とは、普通の「満足」ではなく「大満足」です。さらに、クチコミや顧客紹介は、「大満足」に加えて、「驚き」「おもしろさ」「優越感」などの感情的な要素をプラスすることが有効です。

このように、サービスの事業成長のポイントを少しロジカルにとらえてみると、優れたサービスを実現するためのサービスシナリオを描くヒントになります。

実際に優れたサービスを実現している事業者は、具体的にどのようなサービスシナリオを描いているのでしょうか。日本サービス大賞の受賞事例の中から、サービスシナリオの観点で興味深いポイントをピックアップして紹介します。

動物の本能を魅せる「行動展示」

旭川市旭山動物園

★ ★ ★
地方創生
大臣賞
★ ★ ★

閉園の危機を乗り越える

信念

事前期待

顧客に喜んでいただく
成功体験

成果実感

動物本来の魅力を
発見したい

サービスシナリオ

動物園の在り方を
180°変える
「行動展示」

人材育成

サービスプロセス

現場の主体性を高める合議制

飼育員にしかわからない
「動物らしさ」を展示する

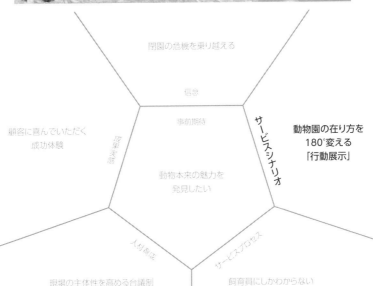

旭山動物園は、1967年に開園し、北海道旭川市が運営する日本最北に位置する動物園。地道な運営を続けていたが、1996年に年間来園者数26万人にまで落ち込み、閉園の危機を迎える。

それまでの世間の動物園は、生きた動物の姿形を見せることに主眼を置いた「形態展示」が一般的であり、旭山動物園もその例外ではなかった。同園は閉園の危機をきっかけに改革を進めた。

旭山動物園は動物が本来持つ能力を活かした行動を見せる展示法、「行動展示」を全国ではじめて実現した。そのためには動物が生まれ持っている能力・行動を引き出す快適な生活を提供するために、新たな発想のもとで展示施設を新設する必要があった。従来の画一的な檻やガラス部屋は、見る側の人間にとっては見やすいが、動物にとっては居心地のよいものではなく、ときには緊張状態に置かれていたのである。

水陸両方の行動に特徴のあるカバを水中の泳ぎも上下左右から見られるようにした「かば館」、オオカミが高いところから人間を見下ろす森に入ったかのような「オオカミの森」、園内を散歩する様子や空を飛ぶように泳ぐペンギンを水中トンネルから観察できる「ペンギン館」、狭いところを泳ぐ習性を持つアザラシが、ガラスの円柱の中を泳ぐ姿を観察できる「アザラシ館」、人間と動物の間の柵やガラスを取り払い、高いところを好むオランウータンが高所を移動したり、リラックスする姿を柵やガラスを隔てずに直接観察できる「おらんうーたん館」など、旭山動物園の動物展示は創意工夫にあふれている。

動物本来の姿の展示を追求するため、あえて動物には曲芸を仕込んだり、ショーを実施したりすることはない。園内の動物解説の表示は、すべて実際にその動物を担当している飼育員の手書きによりつくられている。飼育員自ら動物の解説を行う姿も随所にみられる。

こうして、他の動物園では見られない動物の仕草や表情が楽しめるようになり、来園者にかつてない経験や感動を提供することに成功した。行動展示を始めた1997年以降、来園者は増加に転じ、2006年には300万人を突破し、大ブレイクを果たした。旭山動物園の人気は北海道や旭川市の観光客を底上げし、大きな経済効果をもたらしている。同園の活動は全国の動物園に大きな影響を与え、今では多くの動物園が行動展示を採用し始めている。

【受賞理由】

生きた動物を展示するという原点に立って、動物の行動を観察する「行動展示」のパイオニアとしてこの分野の市場を形成し、全国の動物園に大きな影響を与えている。創意工夫が施された展示により、動物を通して自然を知り、人間を考え、命を認識する場として、来場者に驚きと感動を伝えている。入園者数は160万人を超え（2015年時点）、北海道や旭川市の観光や経済活性化に大きく貢献している。

「矢印」をひっくり返した行動展示

旭山動物園の代名詞といえる「行動展示」は、入場者数が減ってしまって閉園の危機に追い込まれたことで生まれました。このサービス改革は、「矢印をひっくり返す」ことへの挑戦といえます。

「行動展示」がなぜ、これほどまでに顧客の心を動かすのでしょうか。展示の仕方を変えることで、今までは顧客にお尻を向けていた動物がこちらを向いているからでしょうか。実はそうではありません。行動展示は、動物を人間に見せるための展示方法ではないのです。動物の人間への警戒心を解き、動物が本来の生き方に近い形で過ごすためのものです。動物たちにとって、そこは居心地のよい自分の住み家です。そして人間は、動物たちにとって、住み家から見えるおもしろい生き物なのです。だからこそ、カバは変わった形の水槽の覗き窓の周りをすいすいと泳ぎ回ります。人間をのぞきに来ているのです。チンパンジーは、人間が見ているガラスに近づいて来たかと思うと、思い切りそのガラスを叩いたりします。まるで、人間の子どもがガラスを叩いて動物が驚いているのを楽しんでいるのと同じ光景です。オオカミは、人を見下ろす岩の上に群れて遠吠えをします。それは縄張りに入ってきた者に、ここの王者は自分であることを示しているかのようです。

旭山動物園に行ってみるとわかるのですが、自分が動物の世界にお邪魔している感覚になります。つまり、旭山動物園は、動物園の「在り方の矢印」をひっくり返しているといえます（図表13）。動物園は、人間が動物を見る場所では

図表13　旭山動物園の行動展示

なく、動物が人間を見る場所。人間は、動物たちの住み家にお邪魔していること、自然界の一員であることを痛感します。そして、訪れた人は動物や自然界への思いやりが芽生えるのです。

サービスのプロセスで価値を高める

行動展示が魅力の旭山動物園には、特に珍しい動物はいません。どこの動物園にもいる動物ばかりです。しかし、他の動物園では見ることができない、動物たちのイキイキとした仕草を最高の角度から見ることができます。飼育員がつくった館内展示はまるで図鑑の中に入り込んだような発見やおもしろさがあります。飼育員みずからの解説が加わると、その動物に愛着までも湧いてきます。そして、人間も自然界の一員であることを実感して心が震えます。

旭山動物園の行動展示は、動物の種類の多さや珍しさで差別化することとは、努力の方向が大きく異なります。これは、珍しい動物を見ることができるというサービスの「成果」ではなく、動物の本来の行動の発見というサービスの「プロセス」で価値を高めているといえます。

旭山動物園の場合、閉園の危機に直面したことが、本気になってサービスを見つめ直すきっかけになりました。顧客目線になってみると、「肝心の動物は顧客にいつもお尻を向けている」「職員も動物の世話にばかり意識が向いていて顧客に意識が向いていない」「動物園なのにジェットコースターなどの遊具で差別化しようと多額の投資をしている」など、動物園のサービスとしての仕様のおかしなところがたくさん見つかったのです。これまではサービスの「成果」にばかり着目してしまい、サービスの「プロセス」の評価を高めるための努力がほとんどできていなかったことに気づいたのです。こうして大きな改革が動き始め、「行動展示」が生まれました。

サービスの成果では、もはや差がつかない業界がたくさんあります。メニュー開発競争、価格競争、スピード勝負も、もちろん大切ですが、サービス提供の矢印をひっくり返して、サービスの「プロセス」で価値を高めることに着目してみると、新たなチャンスがつかめるかもしれません。

社会貢献型移動スーパー「とくし丸」

農林水産
大臣賞

株式会社とくし丸

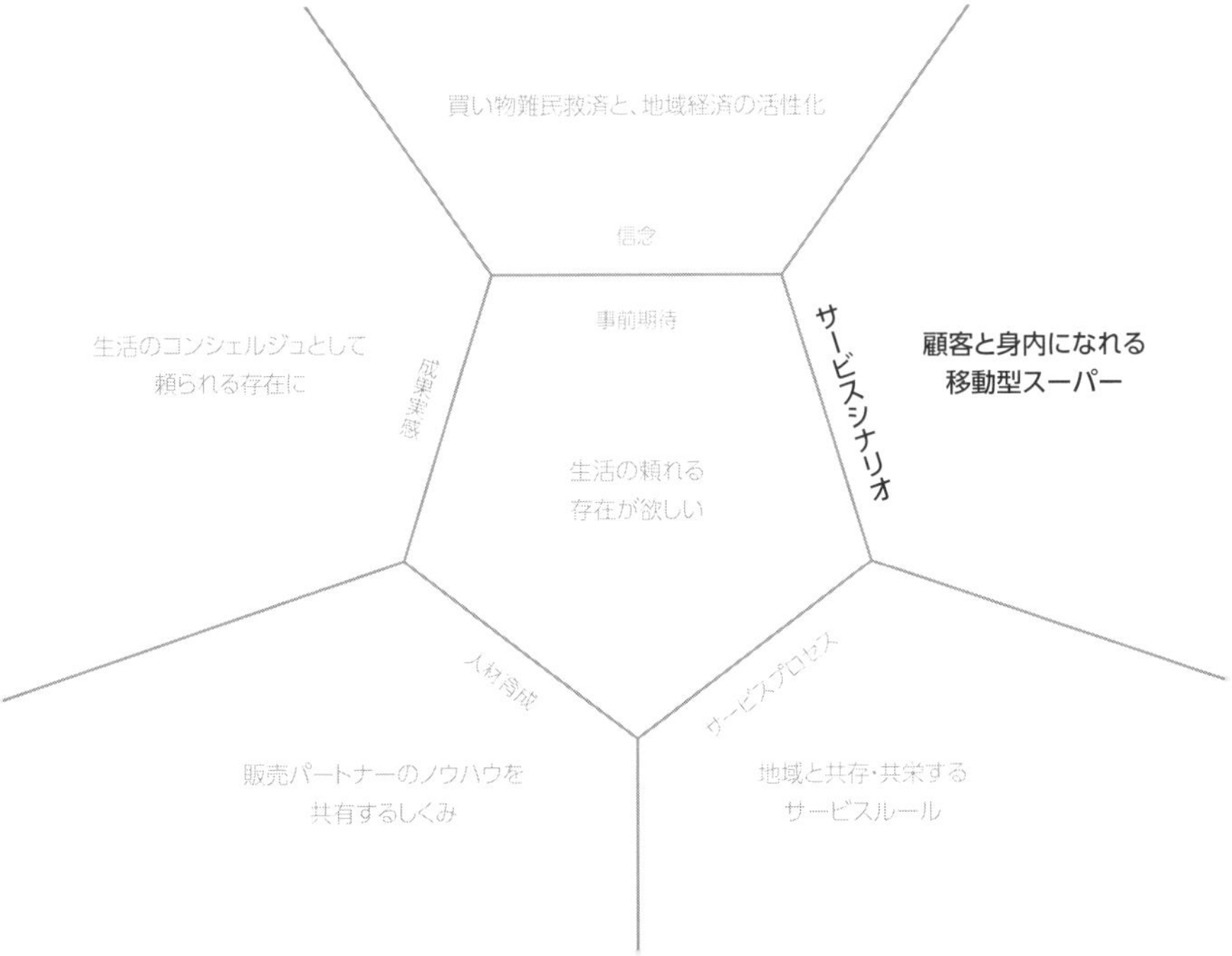

人口減少に伴う地域のスーパーや食料品店の撤退、公共交通の貧困化、高齢者世帯の増加を背景に、食料品などの購入が困難な人たちが地方を中心に急速に増加している。体が悪く買い物に出歩けない人たちも多い。地域の高齢者からの「スーパーと同じように、見て、選んで買い物がしたい」「もっと生鮮食品が食べたい」「頻繁に顔を合わせ、気軽に話がしたい」といった「買い物弱者」「買い物難民」をサポートする社会貢献型移動スーパー「とくし丸」を展開。その地域を担当する「販売パートナー」が、週2回、軽トラック型の移動店舗に生鮮食料品や惣菜・日用品など、提携する地域スーパーの商品約400品目を積み込んで、契約者の家やその近所まで出向いて販売する。しかも単に対面販売で商品を届けるだけでなく、高齢者の生活全般にかかるさまざまな要望の相談にのることで、販売パートナーがコンシェルジュ的な、日常生活の頼れる存在となっている。また、週2回顔を合わせるこの巡回訪問型の販売方法は、地域の高齢者の「見守り役」としての機能も担っている。

とくし丸は「命を守る（買い物難民の支援・見守り）」「食を守る（地域スーパーとしての役割）」「職を創る（販売パートナーの仕事の創出）」の3つを理念に掲げる。路地裏でも小回りの利く軽トラックの移動スーパーは、「まちの毛細血管」として、買い物難民や地域の高齢者を支えている。この社会貢献型移動スーパーは、徳島県内では人口比で約80％のエリアをカバーし、現在は全国へと事業を拡大している。今では36都府県で66社の地域スーパーと連携し、205台の移動スーパーが走り、その利用客数は月間のべ20万人にのぼるまでに成長している（2017年3月時点）。


【受賞理由】

買い物弱者に商品・サービスを届けるため、販売パートナー、地元商店、本部（とくし丸）の三者で展開する日本初の事業モデルの移動スーパー。契約者への週2回の巡回訪問は高齢者の「コンシェルジュ」や「見守り」としても機能し、社会貢献性が高い。周囲の小規模商店との競合を避ける300メートルルールを設けるなど地域との共存を実現している。すでに徳島県の人口比で約80％のエリアをカバーしており、本サービスモデルの全国展開が始まっている。

「四方良し」の事業モデルとビジネスルール

このとくし丸のサービスが興味深いのは、その事業モデルにあります。

理念に「命を守る」「食を守る」「職を創る」を掲げるとくし丸は、その実現のために独特な事業モデルとビジネスルールを組み立てています。

事業モデルとしては、個人事業主である販売パートナー（販売員）と、とくし丸本社が連携し、スーパーからの委託を受けて商品を販売することで、買い物弱者である利用者にサービスを届けるしくみで、利用者、地域スーパー、販売パートナー、とくし丸本部の「四方良し」のビジネスモデルを展開しています。

さらに特徴的なのは、そのビジネスルールです。地場商店を守るルールとして、地域の小規模商店との競合を避けて共存するために、個人商店の周囲３００メートル（徒歩圏内）には顧客開拓に入らないというルールを設置しています。

そして、とくし丸本部、スーパー、販売パートナーの三者に加え、顧客を第４の協力者と位置づけ、１商品につき10円を負担する形で事業継続の一端を担ってもらい、地域と一体となって成長する移動スーパーと

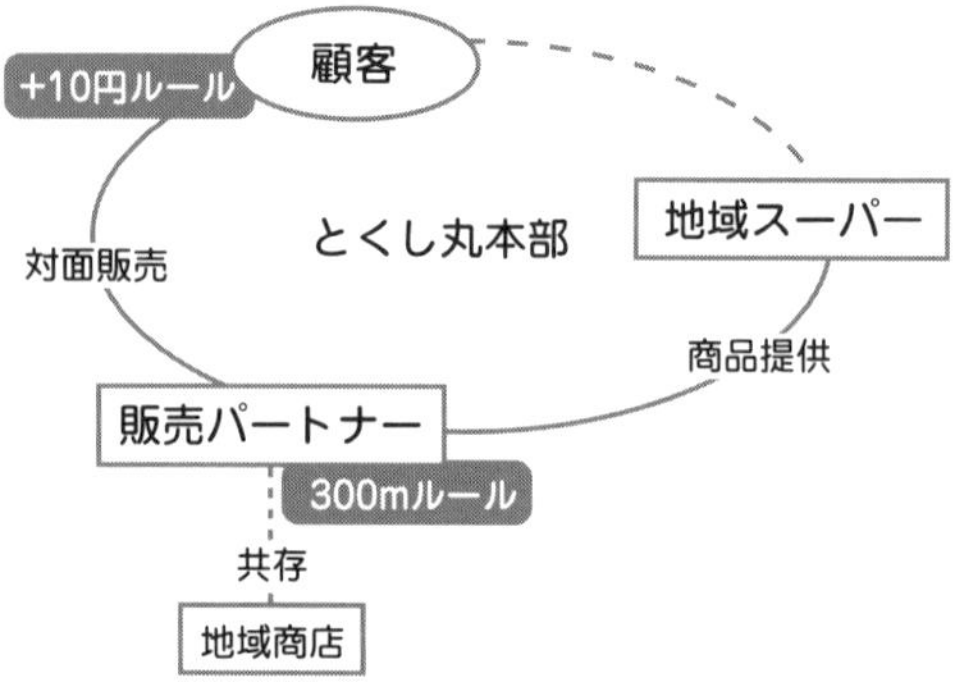

図表14　とくし丸のサービスモデル

してサービスモデルを組み立てています（図表14）。サービスは顧客と一緒につくるものという特徴をうまくとらえ、サービス事業者の自己犠牲や顧客への押しつけではなく、地域の顧客とサービス事業者が相互に支え合うことでサービスを共創して、持続可能な事業モデルを組み立てているのです。とくし丸のサービスシナリオとして、とても重要な点は、地域や顧客の懐に飛び込み、身内として受け入れていただくということです。売り込みに来た営業車と思われかねない移動販売サービスにおいて、地域や顧客に身内扱いしていただくことは、極めて重要な成功要因になります。

顧客の身内になる

価値あるサービスを生み出すためには、顧客との共創が欠かせません。顧客の身内になり、顧客と一緒になってサービスを組み立てられるかどうかは、地域や顧客に密着するサービスほど重要になります。

しかし、身内になるのは簡単なことではありません。そのカギは、商品提供にとらわれない対応にあります。とくし丸の販売員は、商品販売にとどまらず、電球交換やはがき投函などちょっとした用事にも対応します。また、足の悪い老人のお宅には、玄関の中まで商品をお届けしたり、地域の方との世間話に花を咲かせます。また、メガネの販売や修理が必要とあれば、メガネ商社と提携して新たなサービスを提供しています。とくし丸は、販売員と顧客という、相対する関係ではなく、地域の暮らしを一緒に構成する一員として対応しているのです。

とくし丸の周りには、住人が集まり、会話が生まれ、地域のつながりが復活し、さまざまな地域で身内として受け入れられることで、なくてはならない存在になっています。共感性を発揮して地域住民の懐に飛び込み、なんでも頼める安心感も提供できる移動スーパーとしてサービスを組み立てています。また、顧客や地域のさまざまな要望に柔軟に対応することで、ビジネスを拡大しています。

従来の移動販売にはない画期的な事業モデルとして、流通業界に大きな影響を与えたとくし丸のサービス。地域や社会の活性化に貢献しながら、利用者との信頼関係を結ぶ事業であることが評価され、高齢者の見守りに加えて、この見守り機能を越える地域活性化のためのさまざまな役割を担うことにも期待が集まっています。

働く人を応援する置き菓子サービス「オフィスグリコ」

江崎グリコ株式会社

優秀賞（SPRING賞）

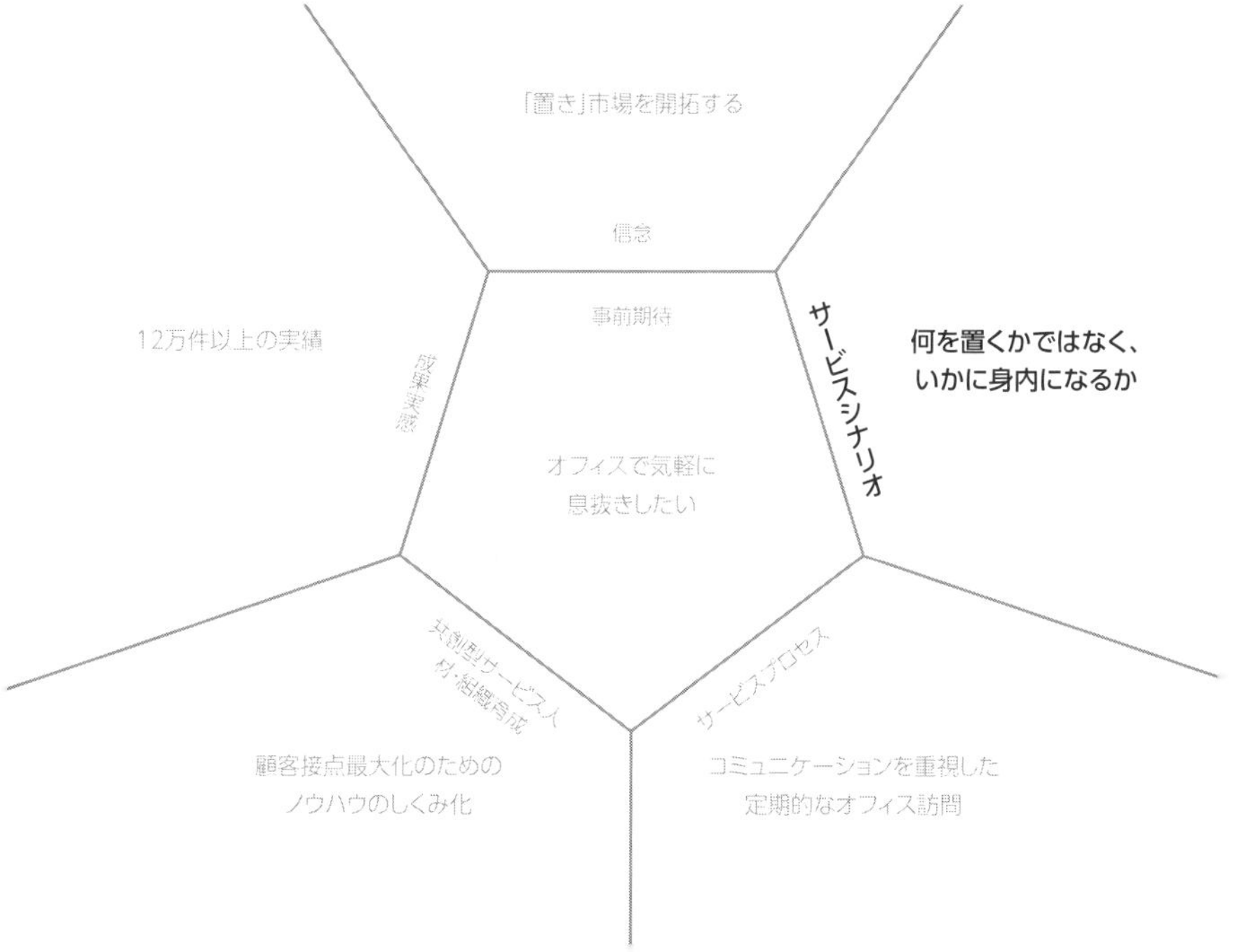

お菓子メーカーからサービス事業者へのシフトを続ける会社がある。江崎グリコ株式会社だ。「お菓子メーカーとして、顧客との接点をもっと生み出したい」との思いからオフィスグリコのサービスを開始。お菓子を食べるシーンとして自宅に次いで多いという「オフィス」に着目し、企業のオフィスにボックスや冷蔵庫を無償貸与し、菓子・アイスなどを配置する「置き菓子」サービス。オフィスの利用者は、お菓子が入っている「リフレッシュボックス」から自由に商品を選び、定額の代金を貯金箱のような投入口に入れるだけ。近くのコンビニまで外出するよりも手軽なため、男女問わずオフィスワーカーの支持を集めている。福利厚生として利用企業も多い。

サービススタッフは、オフィスへの定期訪問時に商品の入れ替えや商品補充を行うとともに、顧客接点の機会として利用者とのコミュニケーションを大切にする。実際の利用者のニーズをつかんで商品ラインナップの見直しや、発売前の新商品の試食を通じたマーケティング調査などにより商品やサービスの改善も行っている。

オフィスグリコは、２００２年のサービス開始当初に比べて、20倍の全国13万カ所以上に普及している。この成功に倣って、同業のお菓子メーカーをはじめ、化粧品メーカーなどさまざまな製造業がオフィスへの「置きサービス」を始めており、製造業のサービス化のひとつの成功モデルであるともいえる。現在では、同事業専門の会社へ分社化し、グリコチャネルクリエイト株式会社としてサービスを拡大している。

【受賞理由】
オフィスにボックスや冷蔵庫を無償貸与し、菓子・アイス等を配置する「置き菓子®」サービス。オフィスにリフレッシュメントを提供し、新たなお菓子市場を創出。毎週のスタッフの訪問で、貯金箱の代金回収と商品補充を実施し、その顧客接点にて利用者の期待やニーズをつかんでいる。他社の菓子も扱うなど、柔軟に顧客ニーズに対応し、全国12万カ所（2015年時点）に普及するオフィスへの「置き」ビジネスの成功モデルである。

製造ができるサービス業への転換

オフィスグリコでは、サービススタッフが顧客先に訪問して、代金の回収やお菓子の入れ替えを行っています。街中でグリコのロゴマークの入った赤いワゴンを押している姿を見たことがある方もいるのではないでしょうか。このように定期的にスタッフが顧客のオフィスを訪問することは非効率に思えますが、なぜそれを続けてきているのでしょう。それはメーカーとして、顧客接点に大きな価値を置いているからにほかなりません。

直接の顧客接点が少ないメーカーが、ここに大きな価値を置くことは当然のように思えるかもしれませんが、実態は少し違います。開発や製造に重きが置かれており、顧客接点であるサービスに大きな価値を置いているメーカーはまだ少ないのです。「製造業のサービス化」という言葉が注目されてはいるものの、「製造業がサービスもがんばる」という程度のものが多く、「製造ができるサービス業」への変革を遂げているところは依然として少ないのが実情です。オフィスグリコは、製造業がサービスで競争優位を築くための示唆を与えてくれます。

オフィスグリコには、顧客訪問の際に、代金の回収やお菓子の入れ替え作業と同じくらい重要な業務があります。それは、顧客とのコミュニケーション。それもただ単に、顧客ニーズをうかがうだけのコミュニケーションではありません。オフィスグリコのサービススタッフは、オフィスの中まで入ります。そのため、顧客に「身内」のように信頼と愛着を感じていただくことが欠かせないのです。仕事中の顧客への配慮や、ホッと一息つける会話、発売前の商品の試食を用意して特別感を感じていただくなど、顧客とのコミュニケーションに多くの工夫がされています。売る側と買う側という関係ではなく、「身内になる」ことで顧客との長く良好な関係が維持でき、オフィスでの置き菓子という新しい需要を喚起することにもつながっているのです。つまり、置きサービスのシナリオのポイントは、「何を置くか」ではなく、「顧客とどんな関係を築けるか」にかかっているということなのです。

品ぞろえの充実だけでなく、共感性や好印象を活かしてサービスのプロセスの評価を高めることです。そのうえで、柔軟性を発揮して、顧客の要望に応えるために他社商品も取り扱うなど、徹底して相手に寄り添うことで、置き市場を開拓してきたといえます。

この「置きサービス」を成功させるのは、簡単ではありません。多くの競合が参入しては、事業を継続できずに撤退を余儀なくされてきました。サービススタッフが頻繁に顧客のオフィスにうかがうため、コストがかさみ、収益化するまでに時間がかかるからです。実際、オフィスグリコも黒字化までに約10年もの歳月を要しています。黒字化に10年かけてでも、この事業に価値を置き、継続してくることができたのは、お菓子メーカーにおいて、置き菓子サービスが担う顧客との関係構築のシナリオに意義を感じているからに違いありません。

これは決して製造業に限った話ではありません。こうした特徴を踏まえれば、優れたサービスを実現することが可能になることがわかります。

サービスシナリオを描く手がかり

顧客との関係性を見つめなおす

優れたサービスを実現しているサービスシナリオの事例を3つ紹介しました。

旭山動物園は行動展示をとおして、「人が動物を見る動物園」から「動物が人を見に来る動物園」へと、動物園の在り方の矢印をひっくり返すことで、他に類を見ない動物園になりました。他の動物園と同じ動物であっても、見え方や関わり方を工夫することで、他では経験できない価値がある動物園に生まれ変わりました。

とくし丸は、四方良しの社会貢献型移動スーパーとして事業モデルを構築しました。300メートルルールや、+10円ルールといった独特のビジネスルールも、地域の商店やスーパーの「競争相手」になるのではなく、暮らしを「共創するパートナー」になるための工夫だといえます。

オフィスグリコは、製造業が「モノがつくれるサービス業」に生まれ変わった事例ととらえることができます。オフィス内の置き菓子市場を開拓し、他社が参入と撤退を繰り返す中で事業を継続し、顧客から支持を集められたのは、「何を置くか」以上に、「どう届けるか」に力点を置いてサービスを磨いてきた結果といえます。

これらのシナリオは、サービスごとにまったく違うように見えますが、共通点を見出すことができます。それは、サービスのスタイルであり、顧客との関係性の変化です（図表15）。

昔は、単純に「モノが欲しい」というニーズが中心でした。本章の事例に当てはめると「動物園に行きたい」「生活必需品がほしい」「お菓子が食べたい」といった具合です。この時代には顧客のニーズは明快であったため、注文通りにつくれば売れるし、指示通りにサービス提供すれば喜んでもらえました。顧客に対してサービス事業者は「受身型」のスタイルで十分だったのです。

しかし、欲しいものがある程度手に入ると「いいモノが欲

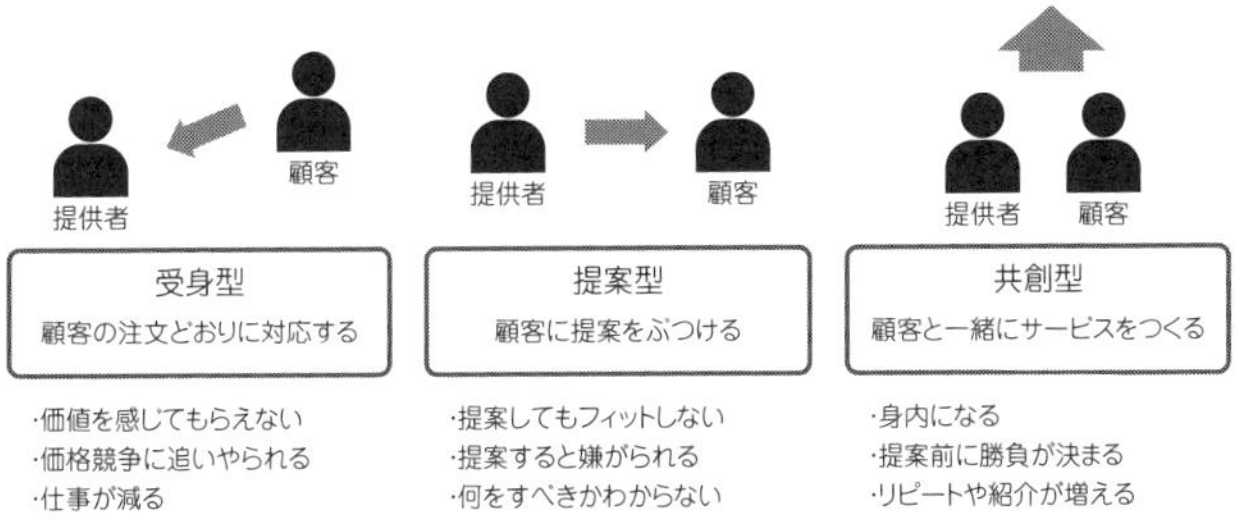

図表15　3つのサービススタイル

しい」「自分に合ったモノがほしい」というニーズに変化します。「珍しい動物が見たい」「好みの商品を選びたい」「目新しいお菓子が食べてみたい」といったところです。すると、「受身型」では顧客に価値を感じてもらえず、価格競争に追い込まれたり、他社に顧客を奪われてしまうようになります。

そこで登場したのが「提案型」のスタイルで、顧客ニーズに合わせて提案しようというものです。顧客とサービス事業者が向かい合っている関係性です。ですが、最近では提案型スタイルのサービスが苦戦しています。提案が顧客になかなかフィットしないのです。背景はニーズの変化です。モノも情報もサービスも溢れていて、顧客に「何が欲しいか?」と聞いても、うまく答えられず、顧客自身「欲しいモノがわからない」という時代になってきているのです。欲しいモノがわからないのに、「この顧客にはこの提案が喜ばれるに違いない」と勝手に考えたところで、提案が顧客にフィットしないのは当然です。

ここで今回紹介した3つの事例から浮かび上がったのが、「共創型」のスタイルです。「欲しいものがわからない顧客」と一緒に問題やニーズを探し出すことで、サービスを顧客とともに組み立てていくというスタイルです。そのために必要となるのが、顧客と一体になれる関係性の構築です。

旭山動物園は、行動展示により顧客を動物の世界に引き寄せることで、今までにない気づきや思いを引き出して、サービスを差別化しています。とくし丸やオフィスグリコは顧客に身内扱いしてもらえることで、事業成長のきっかけをつかんでいます。まさに今までよりも一歩顧客に近づいて同じ方を向いた関係性を構築して、共創型のスタイルでサービスシナリオを描くことがカギを握っています。

成果だけでなくプロセスも磨く

受身型からも提案型からも脱却して、共創型のスタイルでサービスシナリオを描くために、3つの事例から共通点を見出すことができます。それは、サービスの「プロセス」を磨いているという点です。

サービスの評価は、「成果」に対する評価と「プロセス」に対する評価の2つに分解できます（図表16）。たとえば「成果」は、サービスメニューやQCD（品質・コスト・納期）で評価されます。一方、「プロセス」に対する評価は、スタッフの態度や印象、対応の親切さや柔軟さなどが関わります。サービスの成果とプロセスは、両方が高い評価でなければ、高い顧客満足は得られません。しかし、実際にサービスを提供したり、マネジメントを行う立場になると、ついサービスの成果の方ばかり気にしてしまう傾向があります。

「いかにミスや抜けをなくすか」「いかに顧客を待たせず効率的に対応するか」といった成果の評価を高める努力については、日々熱心に取り組まれています。一方で、プロセスの評価を高めるための努力は、ほとんどが現場や個人まかせになってしまっています。サービスの評価を高めるためには、サービスのプロセスの評価を組織的に高められるかどうかがポイントになります。

サービスシナリオを実現するために、旭山動物園では、「珍しい動物が見られる」というサービスの成果ではなく、「動物の見え方や関わり方」といっ

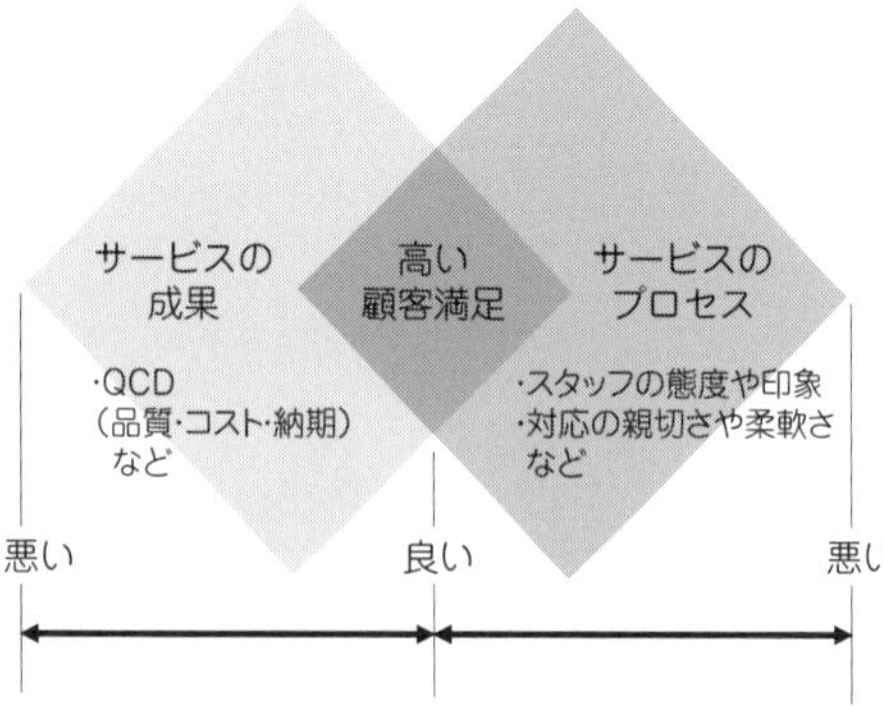

図表16「成果」と「プロセス」に対する評価

出典：『顧客はサービスを買っている』諏訪良武 著（2009　ダイヤモンド社）

たプロセスを磨いています。とくし丸やオフィスグリコでは、「どんな商品を届けるか」という成果以上に、地域や顧客の「身内になる」というプロセスに力点を置いていました。このように、サービスシナリオを実現するための手がかりとして、サービスの「プロセス」を磨くことが有効だといえます。

4つのキークエスチョンでストーリーを描く

サービスシナリオを描くには、ただ単にやりたいことや得たい成果を列挙すればいいわけではありません。優れたサービスとしてのあるべき姿を実現して、事業を成功に導くシナリオは、ストーリー性を持って具体的に描くことが大切です。

たとえば、入社3年目の社員が読んでも、自分が明日から何に取り組めば、このシナリオの実現に貢献できるかがわかるようなものでなければなりません。当然ですが、このサービスシナリオは、サービス事業者ごとにまったく異なります。同じ業界なら同じようなシナリオになるというわけでもありません。自分たちにしか描けない、「らしさ」の詰まったサービスシナリオを描くことが重要なのです。「らしさ」といわれても、何を描いたらいいのか見当もつかないと思われるかもしれません。そこで、サービスシナリオを描くうえで重要な4つの問いである4つのキークエスチョンを紹介します。

それは、「我が社のＷＨＹ」「顧客のＷＨＹ」「競合のＷＨＹ」「自分自身へのＷＨＹ」です。サービスシナリオを描いていく際に、これら4つの問いに答えられるかどうかを意識してみると、描くべきことが見えてきます。

1つめの「我が社のＷＨＹ」とは、なぜ自社が、このサービスシナリオを実現すべきだといえるのか、という問いです。そこには、会社の理念や歴史、今後に向けてのビジョンや現状の危機感、そして会社としての使命感などがひもづいてきます。自社にとってのサービス事業の存在意義や事業成長のイメージも描く必要があります。

2つめの「顧客のＷＨＹ」は、顧客に選ばれ続けるために、なぜこのサービスシナリオの実現が欠かせないのか、という問いです。そもそも顧客とは誰なのか、その顧客にとって優れたサービスとはどんなものなのか、優れたサービスの実現によってどのような成果が得られるのか、などの問いに結びつきます。これは、第2章で説明した「事前期待」で顧客を定義することで、有効な結論を見出すことができるようになります。

3つめの「競合のＷＨＹ」は、サービスシナリオを実現することで、なぜ競合に対して競争優位を築き続けられるといえるのか、という問いです。競合はどこなのか、その競合に対して自分たちのサービスはどんな競争優位があるのか、という問いに関係してきます。ただし、競合がどこなのかは、自社の認識だけで決めるべきではありません。顧客から見て、自社のサービスは他業種も含めたどのサービスと比較されているのかを理解する必要がありま す。本当の競合は誰なのか、しっかりと見定める必要があるのです。

4つめの「自分自身へのWHY」は、このサービスシナリオを描いたメンバーの個々が、自分自身としてなぜこのサービスシナリオを実現したいと思っているのか、という問いです。これは、第3章で触れた「信念」に直結する部分です。サービスシナリオにどれだけキレイな絵が描かれていても、そのメンバー自身の思いが込められていなければ、結局は誰の心も動かすことはできません。「仏作って魂入れず」のシナリオでは、まったく意味がないのです。だからこそ、4つめの問いの「自分自身へのWHY」が欠かせないのです。

これらのキークエスチョンは、サービスシナリオの素材集めや完成度のチェックリストとして活用すると良いです。サービスシナリオは、具体的に何を描くかが重要です。本章で取り上げたポイントを活かしながら、サービス事業の進むべき道を示し、事業成長をドライブするために、ストーリー性のあるサービスシナリオを描き上げてみてください。

第5章

サービスプロセスを組み立てる

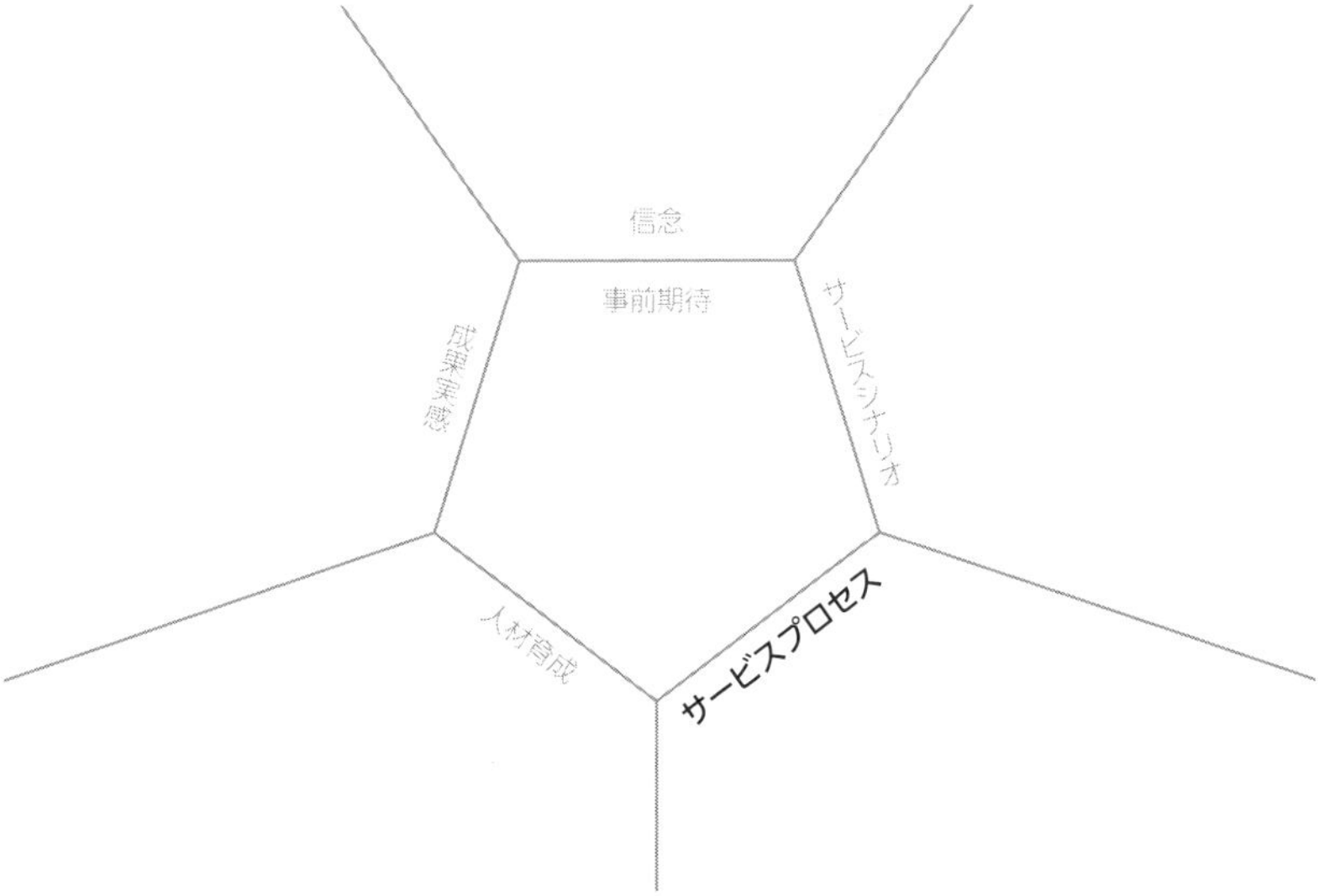

現場の知恵や工夫を組織の力に

サービスシナリオが描けたら、次は、サービスプロセスを組み立てる必要があります。サービスシナリオを実現するための具体策を組み立てるのが「サービスプロセス」といえます。サービスプロセスを設計して組織的に運用することで、一丸となってサービスシナリオを実現するのです。本章では、単に現状のサービスプロセスを可視化するだけではなく、「勝負プロセス」を明確にして、組織一丸となって取り組むための工夫について解説します。

サービスプロセスを可視化する

事業方針やビジネスモデル、事業戦略を立てるだけでは不十分で、現場が明日から具体的に何をしたらいいのかがわかるサービスプロセスの設計がなければ、組織的にサービスを磨き上げることはできません。方針だけを示して現場や個人にまかせきりにしていては、闇雲に取り組むだけになってしまいます。

ものづくりにおいては、製品の設計は人も時間もお金もかけて熱心に検討されている一方で、サービスにおいては、サービス設計部という部署すら存在しないことが多く、ほとんどが個人や現場まかせになってしまっています。ワンランク上のサービスを実現するためには、サービスを設計して組織的に運用することが重要です。

サービスプロセスを組み立てることで、現場の経験知を組織の力に変えることができます。サービスの現場には、長年の経験やセンスで磨いた知恵や工夫が数多くあります。しかし、これらは、個人の頭の中にしまい込まれており、組織的に活用できていないことがよくあります。これではまさに宝の持ち腐れです。そこで、サービスプロセスを組み立てることで、こういった現場の知恵や工夫を可視化できます。優秀なサービススタッフが、具体的にどのプロセスでどんな工夫をしているのかがわかれば、組織的にそれを実践することが可能になります。こうすることで、現場の知恵や工夫を組織の力に変えることができるのです。

得点型のサービスプロセスに組み直す

サービスプロセスといえば多くの場合、失点しないための業務フローや業務標準、サービスマニュアルとして必要最低限のものが用意されています。それにもかかわらず、サービスプロセスの切れ間で、もったいない失点をしてしまうことが多いものです。特に担当者や担当部門が変わるプロセスでうまく連携ができず、「前の担当者さんは良かったのに」「前の人と同じことを何度も聞かないでほしい」といわれてしまうことは日常茶飯事です。このような場合、失点しないためのサービスプロセスの見直しが必要です。

しかし、それだけでは優れたサービスを実現することはできません。これからは、得点を増やすようなサービスプロセスの組み立てが欠かせません。具体的にどのプロセスで、何に努力することに価値があるのかを明らかにする「得点型サービスプロセス」を組み立てる必要があるのです。

それでは、サービスプロセスの組み立てにおいて興味深い事例を、日本サービス大賞の受賞サービスから見てみましょう。

クルーズトレイン「ななつ星in九州」

九州旅客鉄道株式会社

★ ★ ★
内閣総理大臣賞
★ ★ ★

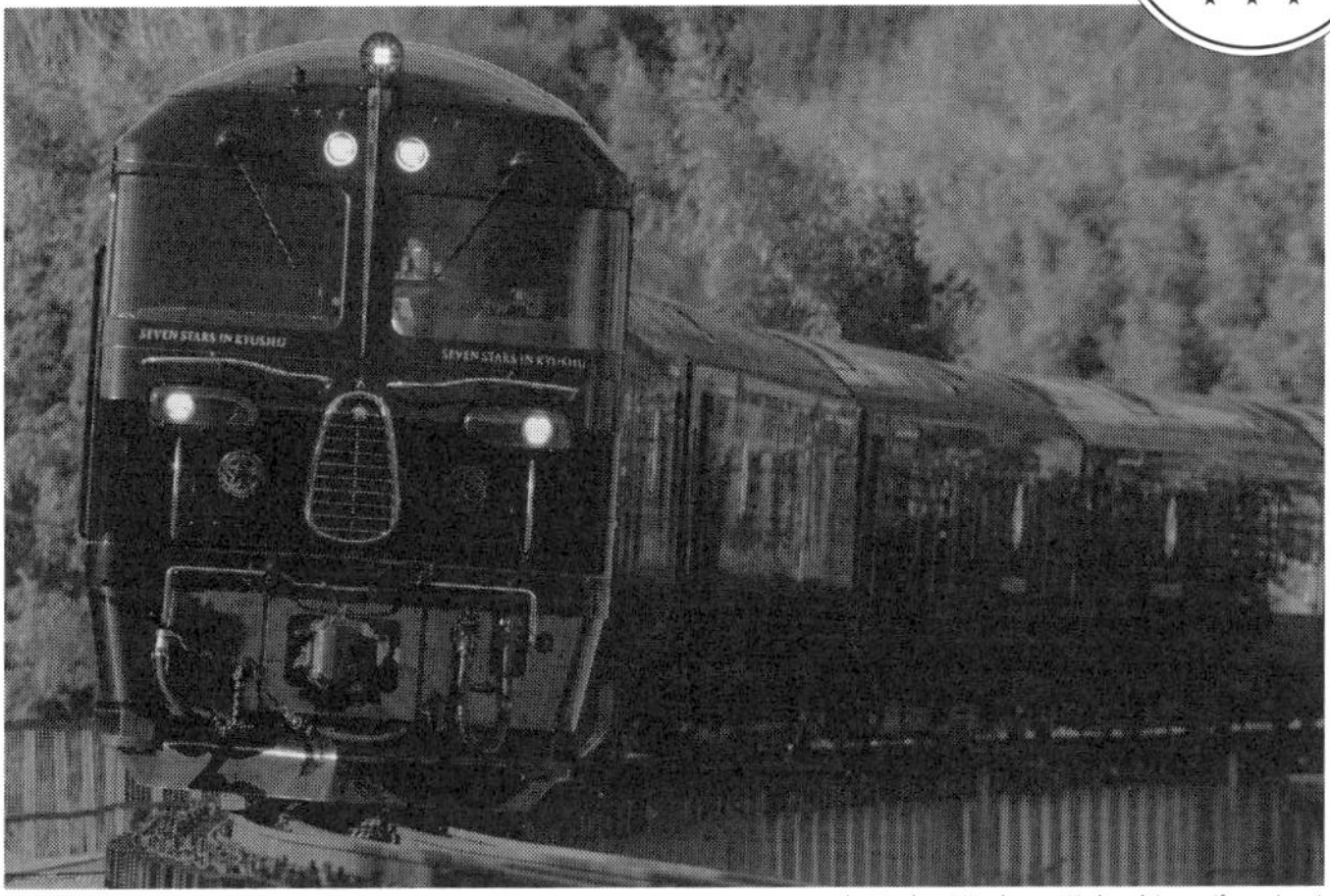

photo by Hirokazu Fukushima (frap Inc.)

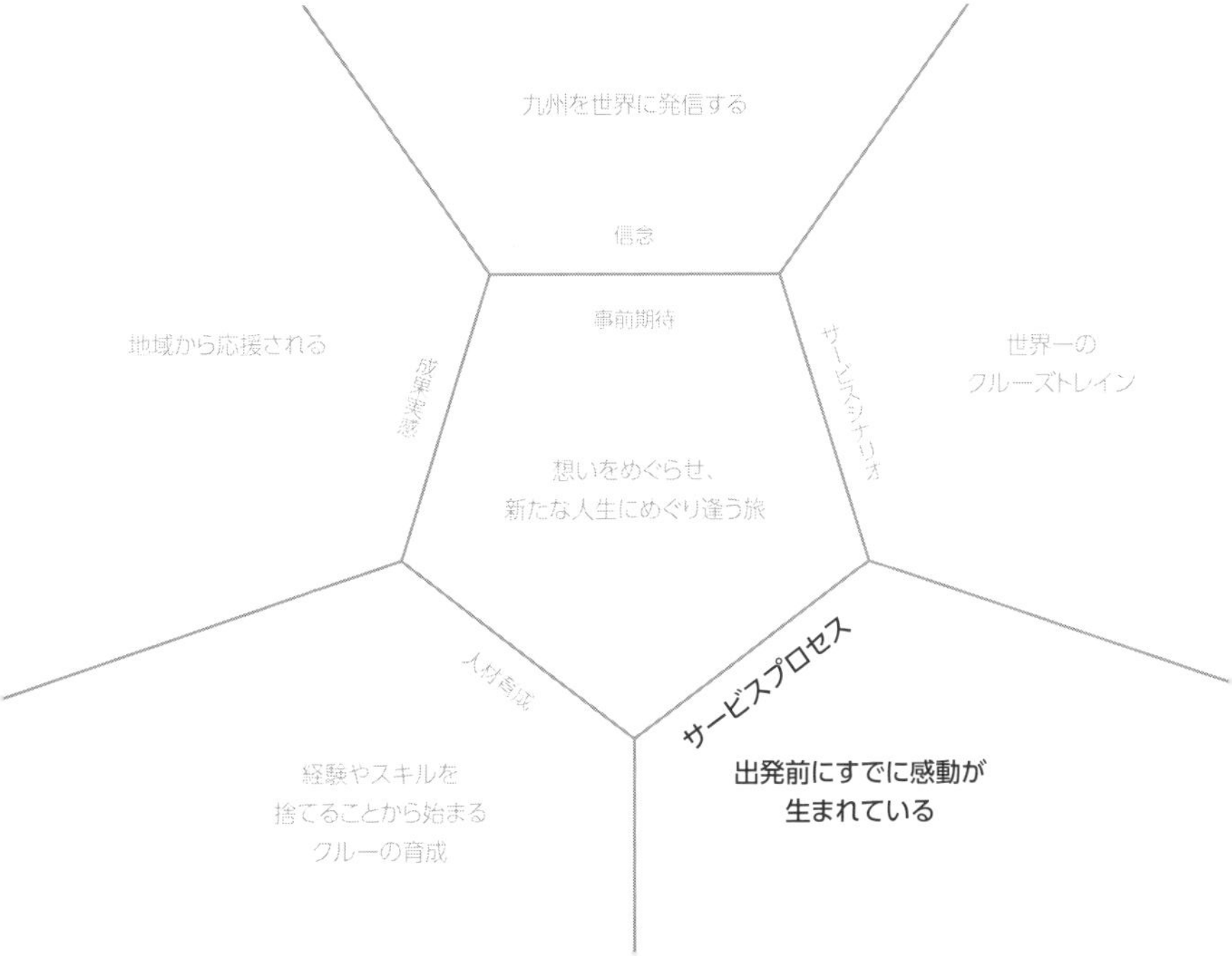

九州地区の足として、地域の移動を支える九州旅客鉄道株式会社（JR九州）が手がける豪華寝台列車のクルーズトレイン「ななつ星in九州」。第1回日本サービス大賞の最優秀賞である内閣総理大臣賞を受賞したサービスだ。

古代漆色（ロイヤルワインレッド）の鏡面加工を施された気品ただよう外観、車窓を楽しむための大きな展望窓。車内は伝統工芸の大川組子、彫刻家・藪内佐斗司氏の作品、有田焼の人間国宝・十四代酒井田柿右衛門氏が制作した洗面鉢など、芸術の極みを実現した各種調度品や装飾で優美な空間となっており、乗客を楽しませる。車内での食事は各地のシェフが列車に乗り込み、新鮮な旬の食材を使った、その土地ならではの至高の料理が振る舞われ、ピアノやバイオリンの生演奏が流れる。「ななつ星」流の教育で訓練されたクルー（乗務員）たちの数々のサービスとの相乗効果で、高級旅館に滞在しているかのようだ。

沿線では、「旗や手を振るおもてなし」「郷土芸能でのおもてなし」「花の植栽のおもてなし」など、おもてなしの輪が九州各地に広がってきている。一般公開されていない文化財での食事や伝統工芸の匠に会う観光など、地域の協力を得て、通常では体験できないおもてなしを実現している。

旅行申し込みの受付は20倍を超えることも多いなど、高い抽選倍率を誇る。専用の受付窓口（ツアーデスク）を設け、当選の連絡から出発までの半年間、20〜30回にわたり利用者と密なコミュニケーションをとりながら旅をコーディネートする。旅の目的や思いをヒアリングして、一人ひとりに合った旅のプランを立てている。

国内鉄道旅行最高レベルの価格に見合ったサービス（おもてなし・食・観光）と経験したことのない感動を提供することで、人気を集めている。「ななつ星」の成功を受けて、他社も豪華寝台列車の運行を計画するなど、新たなマーケットの創造に寄与している。

【受賞理由】

九州各地で運行する「Ｄｅｓｉｇｎ＆Ｓｔｏｒｙ列車」の集大成と位置づける「ななつ星」。豪華列車というハード面だけに留まらず、鉄道を輸送事業から感動を呼ぶサービス事業へ大きく転換させた革新的なサービス。いまや九州を代表するシンボリックな列車となり、地域の誇りとして愛されている。旅の計画時から「旅の楽しみ」を極め、世界一のおもてなしを目指すクルーのサービスと沿線住民の歓迎が一体となって、今までに経験したことのない感動のサービスをつくりとどけている。

感動サービスは出発までに7割完成している

ななつ星のサービスの中で、サービスプロセスの組み立て方について特徴的な点にフォーカスし、そのポイントを見ていきましょう。

ななつ星のサービスを利用する顧客の中には、出発前の駅のラウンジで、涙を流す方がいます。これから旅が始まるという段階で、すでに感動が生まれているのです。

ななつ星はサービス開始以来、高い人気を集めており、顧客がサービスを利用するためには、抽選に当たらなければ乗車できません。見事当選した顧客には、出発の半年前に当選の連絡が入ります。このときから出発当日まで、ななつ星専門のツアーデスクと20~30回にもわたるコミュニケーションが始まります。ツアーデスクは、当選の連絡に始まり、旅の説明やプランの検討など……。さらには、顧客ごとに旅への思いや背景を聞き、その思いに合わせて旅をコーディネートしていきます。加えて、顧客へななつ星や地域を紹介した季刊誌や、担当者からの手書きの手紙なども届けます。

このように、旅の半年前から何度もコミュニケーションしながら、顧客とツアーデスクとが一緒になって、ななつ星のサービスを顧客に合わせて組み立てていくことになります。ななつ星を利用する顧客の中には、特別な思いを抱いていることがあります。「定年退職を機に、今まで支えてくれた妻にお礼がしたい」「年老いた旅行好きの両親に、もう一度旅行を楽しませてあげたい」などです。こういった特別な思いにも寄り添いながら、旅行を組み立てていきます。まさに、サービスは顧客と一緒につくるものという「共創」を体現しているのです。そして、徐々に顧客の気分も高まっていきます。

このようなプロセスを経て、顧客は当日を迎えます。出発前、駅のラウンジで、今まで思いをともにして旅を一緒につくり上げてきたツアーデスクのスタッフから言葉をかけられて、その温かさに触れたとき、感動の涙があふれるのです。そして、顧客の旅への思いはサービス

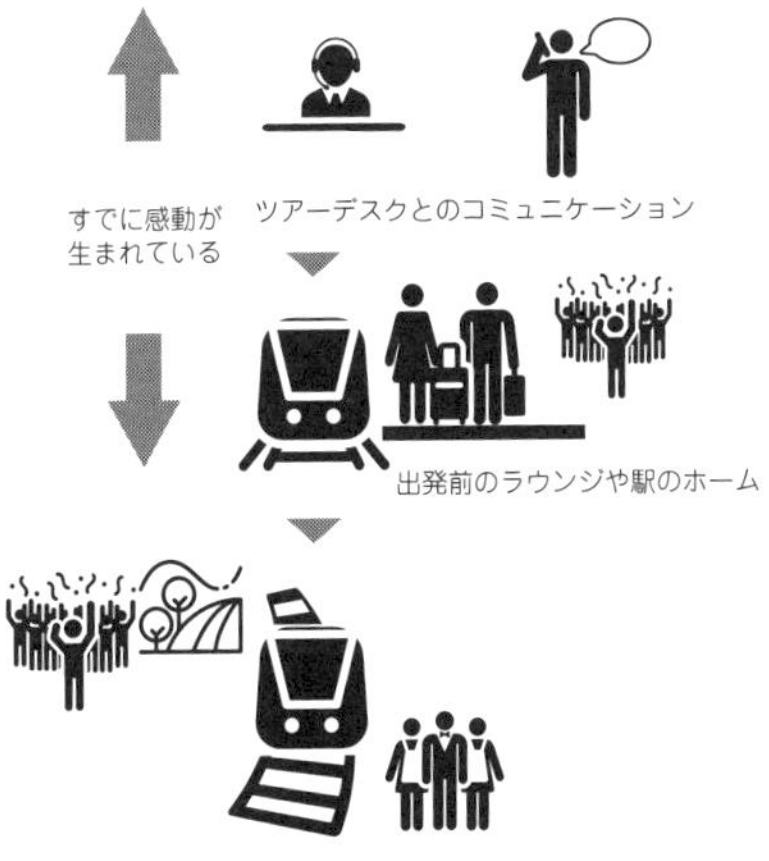

図表17　ななつ星のサービスプロセス

スタッフ全員に共有されていて、旅行中も心温まるサービスが続いていくことになります。

ななつ星のサービスプロセスは、旅行に出発する前から丁寧に組み立てられ、感動を生んでいます。ななつ星の感動サービスは「出発までに7割完成」しているのです。この「出発前のラウンジでの感動」にフォーカスしてみると、そのサービスの「勝負プロセス」を明確にしてサービスを組み立てることがいかに重要であるかがわかります。ななつ星の場合、旅の最中もさることながら、顧客と一緒になって旅をつくり上げる「出発前の準備プロセス」が、極めて大切な勝負プロセスです。「出発前」に勝負プロセスを持ってくることで、他にはない感動サービスを実現しているといえます。

それでは、ななつ星の顧客から寄せられたメッセージで、代表的なものをひとつだけ紹介しましょう。

父と母が80歳を迎えるので、2人の傘寿《さんじゅ》のお祝いに「ななつ星のDXスイート3泊4日」をプレゼントすることにしました。ツアーデスクから「DXスイートのキャンセル待ちがとれました」という吉報をいただき、私は大はしゃぎ。老夫婦には鞄持ちとエスコートが必要と説得し、私を入れて3人で旅行しました。

実際どんな旅だったか。「至れり尽くせり」の一言につきます。クルーの素敵な笑顔、まるでロイヤルファミリーが乗るような美しい列車、30億円の動く額縁から眺める動く芸術。ななつ星ではこころが豊かになる時間が流れていました。最後に老いた父が「一生忘れられへん旅になったなぁ」とつぶやきました。私はその言葉になぜか涙があふれ、2人の人生が少しでも長く幸せでありますようにと星に願いを託しました。

（一部抜粋）『50代女性』

日本サービス大賞を受賞したサービスの中には、この「勝負プロセス」を工夫したり、新たに生み出したりすることで、他にはない優れたサービスに組み立てているものがあります。ぜひ、自社サービスを磨き上げるヒントとして、本当の勝負プロセスを見つけてみてください。

“恵寿式”地域包括ヘルスケアサービス

社会医療法人財団董仙会 恵寿総合病院

総務大臣賞

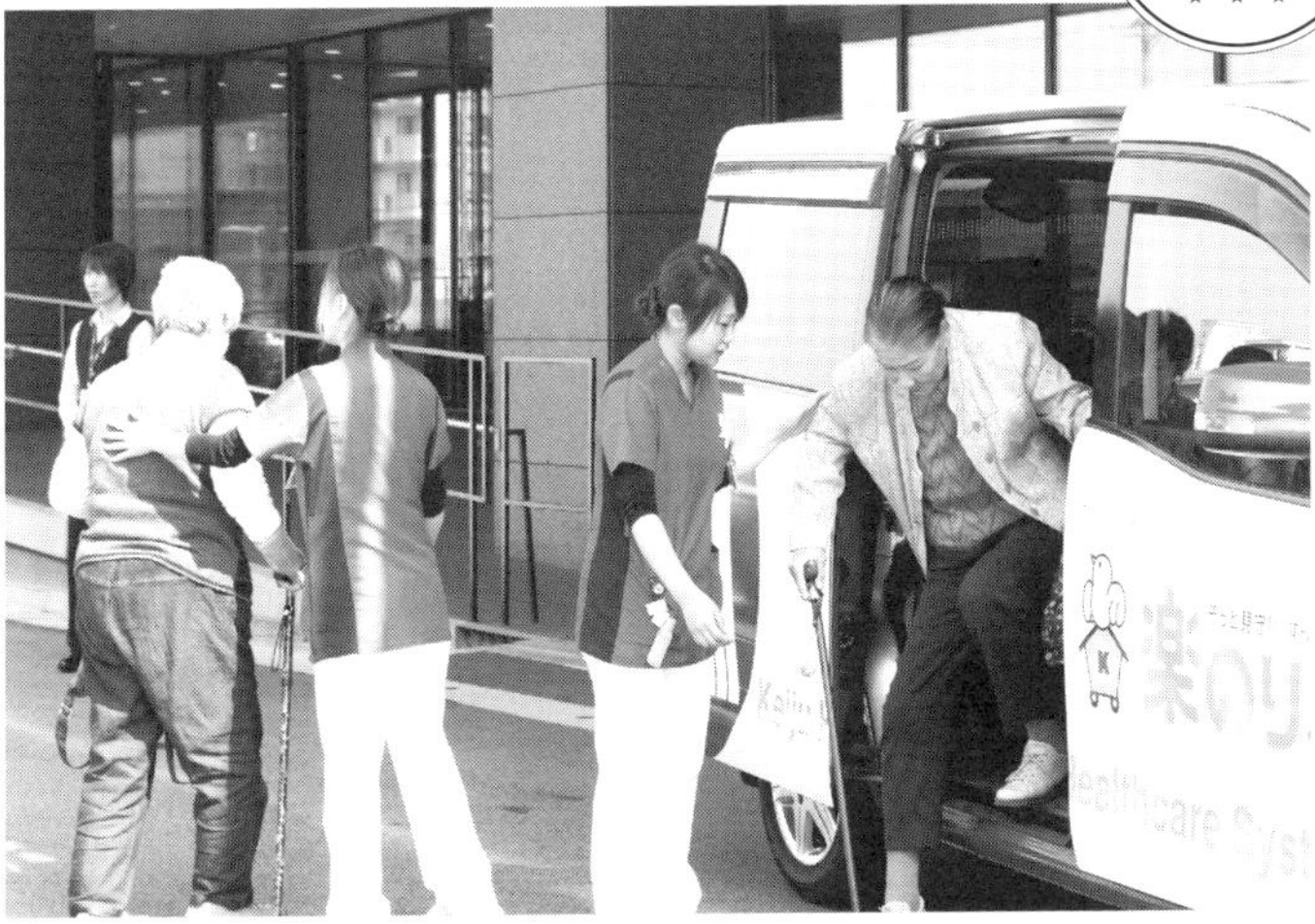

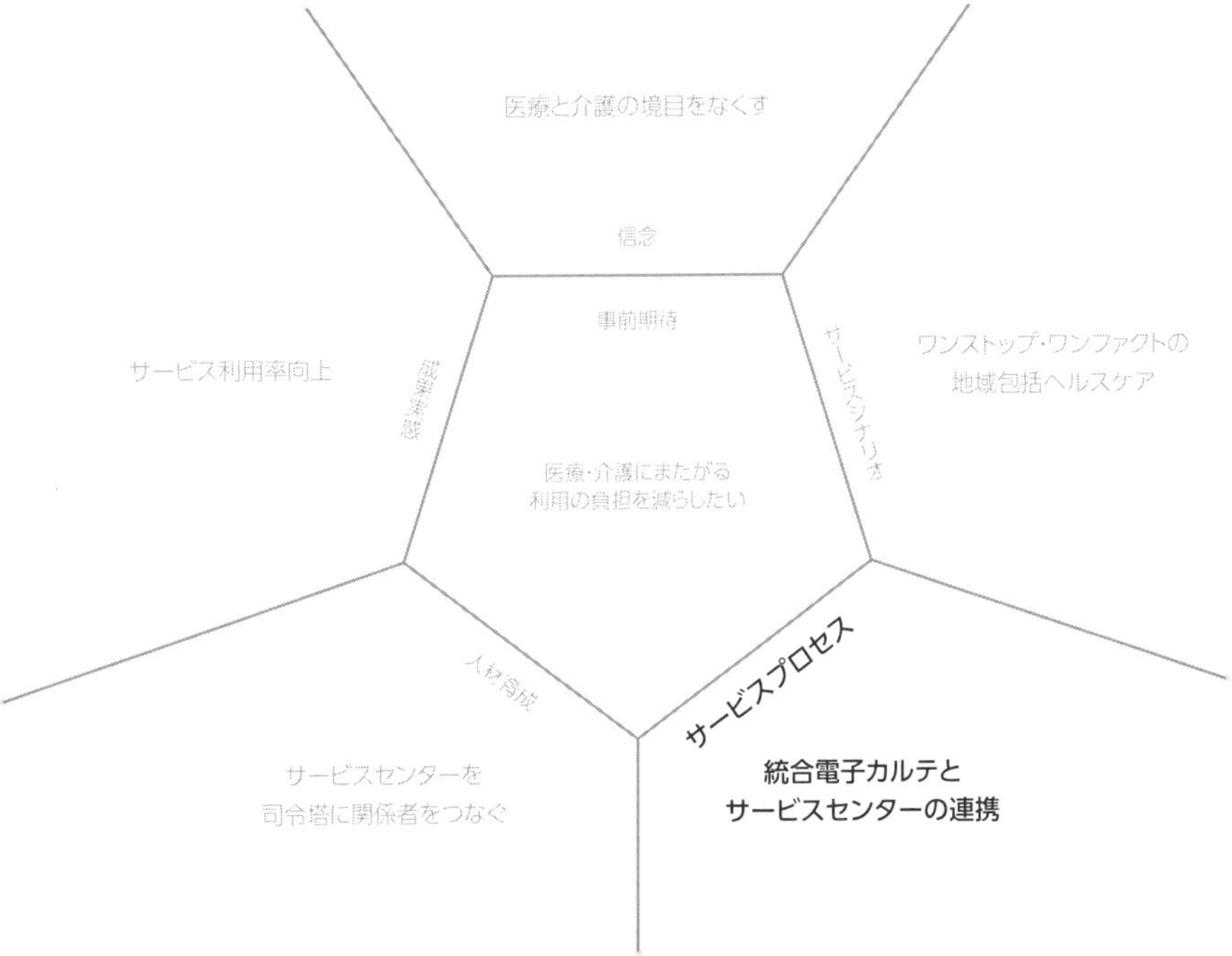

恵寿総合病院のある石川県の能登半島は、高齢化の進んだ地域であり、同院に救急搬送される患者や入院患者の約7割が65歳以上の高齢者である。

そのため、病院が担う急性期医療が終わった後も、介護サービスを必要とする人が大半を占める。一般に医療と介護は別制度であるため、退院後も介護が必要となる場合、新たに介護を受けられる施設やサービスを探さなければならず、患者や家族には大きな負担となっている。そうした背景により、医療と介護をつなぐ、境目のないサービスの実現が求められていた。

そこで、総合病院や介護老人福祉施設などを運営する恵寿総合病院は、総合的なヘルスケアサービス（医療・介護・福祉・保健）の実現に乗り出した。グループすべての施設（病院、診療所、介護施設、障がい者施設、健康増進施設など）で、患者の情報を共有するための統合電子カルテを全国に先駆けて導入した。

加えて、境目のない、連続した地域包括ヘルスケアサービスをワンストップで提供するための窓口として、コールセンターを主とする「けいじゅサービスセンター」を整備。医療や介護にまたがる問い合わせや、グループが提供するすべてのサービスの予約を〝電話1本〟で行えるようにした。また、次回の受診や検診が半年後など期間を置く場合、受診時期が近づいたタイミングでサービスセンターから電話連絡をするサービスも行っている。その結果、サービスセンター利用率は、サービス開始当初の２０００年は27％だったが、２０１４年には74％にまで上昇している。

さらには、介護職員がサービス利用者にゆとりを持って寄り添えるように、介護記録の入力をサービスセンターが代行している。これにより業務負荷が大幅に軽減され、介護職員１人当たりの実質介護サービス時間が以前の３倍に増加した。

【受賞理由】

境目のない包括的なヘルスケア（医療・介護・福祉・保健）をワンストップで提供する革新的なモデルを、統合電子カルテにより実現した、医療分野におけるＩＣＴ利活用の先進的サービス。介護現場で負担となる記録入力の代行といった工夫や、病院と介護施設の患者情報をクラウド上で一元管理し、効果的に利用することで患者の利便性を常に追求している。地域が取り組むヘルスケアサービスの優れたモデルである。

業界や組織の枠を越えるコンタクトセンター

恵寿総合病院は「医療介護統合電子カルテ」を導入し、患者一人ひとりに医療も介護も共通したIDを付与することにより、情報を一元管理しました。診察・入院・投薬記録から、介護履歴や検診の予約まで、医療と介護の境目のない包括的なヘルスケアサービスを実現した、ICT利活用の革新的なモデルとして総務大臣賞を受賞しました。本章では、このICT利活用の観点ではなく、サービスプロセスにおけるサービスセンターの役割に着目してひも解きます。

サービスにおける問題が、サービスプロセスに起因していることがよくあります。代表的には、組織や役割の分かれ目でサービスプロセスが「分断」されることで起きています。顧客にとってはあまり関係のない話ですが、サービス事業者内部で組織が分かれていたり、担当者の役割が分かれていたりするために、サービスが滞ってしまうことがよくあるのです。顧客にしてみても、「前の担当者は良かったのに」「前の担当者に話したのに」「なんで次の担当者はうまくできないんだろう」と、不審に思ってしまうことがよくあるのではないでしょうか。組織でサービス事業を運営している以上、必ずついてまわる課題です。この組織や役割の枠を越えるために、サービスプロセスを組み立てたのが、恵寿総合病院の地域包括ヘルスケアサービスです。恵寿総合病院は、けいじゅサービスセンターというコンタクトセンターが顧客サービスの要を担うことで、これまで組織や役割でサービスプロセスが「分断」されていた部分をつなぎ合わせ、ワンストップでのサービス提供を可能にしています。

また、顧客接点部門では、忙しさが原因でサービスプロセスが「滞留」してしまうことがよくあります。そこで、顧客接点部門の業務の一部をけいじゅサービスセンターが代行やサポートすることで、付加価値の高いサービス業務に充てられる時間を増やすことを可能にしています。これらは、けいじゅサービスセンターがサービスプロセス全体の司令塔の役割を果たしているといえます。サービスプロセスの「分断」や「滞留」の問題解決に、極めて重要な役割を担っているのです。

けいじゅサービスセンターのように、コンタクトセンターが顧客接点で価値ある役割を担うことで、サービス全体の評価を大きく向上させているケースが増えてきています。コンタクトセンターといえば、顧客からの電話やクレームを受ける辛い仕事という認識がまだ強いようです。しかし先進的な企業では、コンタクトセンターが顧客マネジメントとサービススタッフのマネジメントを一手に担うことで、サービスプロセス全体の司令塔の役割を果たしているサービスがあります。他にも、コンタクトセンターではなく、サービスの現場スタッフの中に顧客プロセスの切れ間に寄り添う専任スタッフを設けているサービスもあります。サービスプロセスを組み立ててみると、組織や役割の枠にとらわれて提供者の都合を押しつけてしまっていたり、サービスプロセスの切れ間で顧客に不便や不満を感じさせてしまっている部分が明らかになります。業界や組織の分かれ目や、サービスプロセスの切れ間が顧客との縁の切れ目になってしまっていないか、サービスプロセスを見直してみるといいと思います。

「ハッピーケアメンテサービス」

株式会社ハッピー

優秀賞
（SPRING賞）

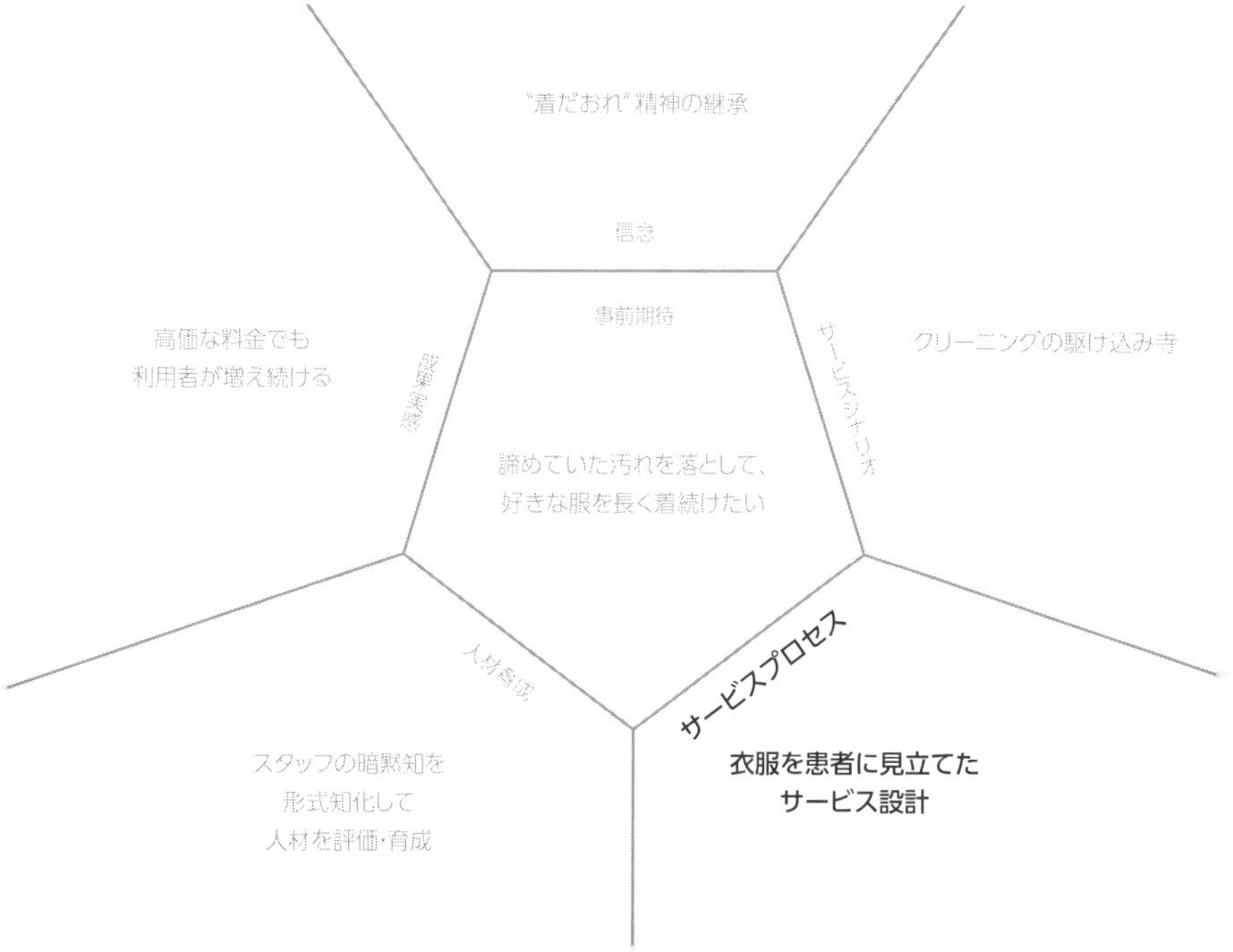

上質な無地の反物を買い、組み立て、着古すたびに、徐々に濃い色に染め直して一着の着物を最後まで楽しむ。そのような京都特有の〝着だおれ〟の精神と伝統を現代に受け継いだ、衣服のケアメンテサービス®を提供する会社が、株式会社ハッピーである。既存のクリーニングでは対応が難しい汚れや、特殊な生地を使った衣類を新品同様に蘇らせることから、〝クリーニングの駆け込み寺〟の異名を持つ。京都府に本社を置き、営業所を持たない無店舗型営業システムで運営し、日本全国にサービスを提供している。

クリーニング業界の市場規模は1992年の8200億円をピークに、2014年には3900億円まで縮小。低価格競争の激化で収益率が低下しサービス品質が悪化するという、負のスパイラルに陥っている。そのような中、単なるクリーニングとは一線を画し、衣服を新品同様に「再生産する」という、新たなサービスがハッピーケアメンテサービスだ。平均単価は約6000円、客単価は約2万円と一般的なクリーニングの15〜20倍と高価格だが、リピーターも多く、新規顧客が絶えない人気ぶりだ。

一般的なクリーニングの利用者からは「毎年クリーニングに出しているのに黄ばんでしまった」「生地を傷めるので受けつけられないと断られた」という、諦めに近い不満や悩みの声がある。これは、水性の汚れを除去できないという、ドライクリーニングの限界によって起きている。〝きれいにする〟の先にある〝お気に入りの服を長く楽しみたい〟という期待に応えたい。そこで開発したのが油性・水性汚れを同時処理する独自の基本洗浄技術「アクアドライ®」。その処理方法は約１０００通りにもおよぶ。その他、シミ汚れ・黄ばみ・縮み・テカリといったトラブルに対応する約20種類の再生技術「リプロン®」、撥水やＵＶカットなどの新たな機能性をもたせる加工技術「バリューＯＮ®」などのメニューもある。水系洗浄で生じる繊維の収縮をミリ単位で復元するスタッフの高度なアイロン技術も合わせることで、スーツやコートはもちろん、ダウンジャケットや着物、ウエディングドレスにいたるまで、既存技術では対応が難しかった汚れを水系洗浄で落とし、衣服を新品同様に蘇らせる。洗う過程で壊れやすいボタンなどは、一つひとつ外して洗った後、完全に元の位置に取りつけ直すなどの徹底ぶりだ。

トラブルを抱えた衣服には、それぞれに適した処置が必要である。シミ一つとっても、シミの種類や原因によって洗剤の調合を変え、化学的処理を施していく。最初の診断工程で１５０科目３０００項目におよぶチェック項目に沿って、衣服一点ずつの情報を電子カルテに入力して管理する。さらに、オペレーターがその情報を基にして、顧客に電話でカウンセリングを行い、要望やライフスタイルも含めて丁寧にうかがいながら、その衣服の処置方法などを合意していく。電子カルテの登録情報は、その後の採寸、洗浄、仕上げ、検品、梱包・出荷、会計に至る全工程で社内共有され、顧客は自分の衣服の電子カルテ情報をＷｅｂで閲覧できる。

非常に高度な洗浄技術やアイロン仕上げ技術、一品ごとに徹底的に管理された電子カルテ、丁寧なカウンセリングと顧客対応により、利用者の高い信頼と安心を生むとともに、新品同様の仕上がりに、利用者は驚きと感動を感じるのだ。

【受賞理由】

新品の風合いまで再現する高度な水系洗浄・シミ汚れや黄ばみ落とし・アイロン技術で、思い出の品を再生する、他に類を見ない衣服再生産サービス。衣服1品ごとに管理された電子カルテによる徹底した情報管理、丁寧なカウンセリングと顧客対応、仕上がりの品質の高さで驚きと感動を提供する。通常のクリーニングとは一線を画した新たなジャンルで、新市場を創出しているサービスである。

本当の勝負プロセスは診断とカウンセリング

クリーニングで落ちない汚れを落として新品同様に再生産する、このケアメンテサービスにおいて、仕上がりの品質などの「成果」に直結する工程は、実際に汚れを落とす「洗浄」や洗浄によって収縮した繊維を修復する「仕上げ」の工程であることは間違いありません。同社が持つ卓越した洗浄技術や匠の技は、他では真似できない同社の強みといえます。しかし、サービスプロセス全体で見た場合に、最も重要なプロセスは、実はここではありません。

ケアメンテサービスの利用者は、衣服をハッピーの工場に送ります。ハッピーでは届いた衣服を丁寧に診断し、その診断情報は一品ごとに電子カルテに記録します。さらに、顧客に電話を介して直接カウンセリングを行い、サービスに対する期待や衣服への思い入れ、ライフスタイルなどの情報に至るまで詳細に電子カルテに記録していきます。

つまり、顧客一人ひとり、洋服一品一品に対する事前期待が、カルテとして管理されるのです。本サービスの真の「勝負プロセス」は、この「診断・カウンセリング」の工程にあります。きめ細かい診断と丁寧なカウンセリングのサービスプロセスで、顧客の事前期待を深く正確に把握するからこそ、後の工程ですべきことが明確になります。そして、衣服一品一品の状態に応じた洗浄や仕上げができるのです。

電子カルテの情報は、その後の採寸、洗浄、仕上げ、検品、梱包、出荷、会計に至る全プロセスで共有され、処理工程中にカルテに記載のない事象を発見した場合は、顧客に対してその対応処置について相談するなど、サービスプロセスの各所で顧客の期待に応えるためのしくみを構築しています。さらに、顧客は、自分の大切な衣服の電子カルテ情報をＷｅｂで閲覧できるようになっています。サービスに関する情報が共有できることで、情報がブラックボックス化されているよりも安心を得ることができるのです。

サービスプロセスの組み立て方として、電子カルテ情報を活用して顧客の事前期待をサービスプロセス全体で共有することで、各プロセスで事前期待に応えるための工夫がなされています。そして、その情報を顧客に公開することでサービスの価値をより実感できるようにしています。

洗浄技術がフォーカスされがちなハッピーのケアメンテサービスですが、真の勝負プロセスは最初の工程にあったのです。技術革新だけに頼るのではなく、サービスプロセスの組み立て方の工夫も相まって、一般的なクリーニングとは一線を画す価値あるサービスを実現しているといえます。

サービスプロセスの組み立て方

「勝負プロセス」を設定し「事前期待のバトン」をつなぐ

これら３つの事例から、サービスプロセスの組み立てにおける工夫が見えてきます。ひとつは「勝負プロセス」を設定することです。勝負プロセスとは、優れたサービスを実現するために最もカギを握るプロセスです。これを明らかにすることで、組織としての力点をそこに集中させることができ、効果的かつ効率的にサービス向上を進めることができます。ななつ星は、感動のサービスは「出発前に7割完成している」というように、出発に向けて顧客とツアーデスクとが半年間で20～30回のコミュニケーションをとるプロセスが勝負プロセスだといえます。その結果、出発前の駅のラウンジやホームで、すでに感動が生まれているのです。恵寿総合病院では、「けいじゅサービスセンター」での相談や予約対応のプロセスが、地域包括ヘルスケアの重要な勝負プロセスだといえます。ワンストップのコンタクトセンターが、業界や組織の枠を越えて、医療と介護の境目のないサービスを実現しています。ハッピーでは、他では対応できない衣服の汚れや、生地も新品同様に再生産する革新技術を有するサービスですが、届いた衣服を診断し、顧客にカウンセリングするプロセスが勝負プロセスだといえます。技術に頼り切るのではなく、顧客の大切な衣服への思いに寄り添うプロセスに重きを置くことで、汚れが落とせるだけのクリーニングとは一線を画したサービスを実現しています。優れたサービスを具体化するために、勝負プロセスをどこに設定して、どのように組み立てるかは、極めて重要なポイントです。

2つめの工夫は、「事前期待のバトンをつなぐ」ことです。多くの場合、顧客と接点を持った部門から、顧客の属性情報や利用履歴などは共有されますが、事前期待に関する情報までは共有されていません。前工程で把握した顧客の事前期待に関する情報をバトンのように受け取ることができれば、後工程のサービスプロセスにおいては、顧客の事前期待に応えるための準備ができます。そうすることで、組織や役割の枠を越えてサービスプロセス全体で一貫して、顧客の事前期待に合わせたサービスを提供できるようになるのです。今回取り上げた事例では、ななつ星はツアーデスク、恵寿総合病院はけいじゅサービスセンター、ハッピーはカウンセリングプロセスを通して、顧客の事前期待を引き出して、それをサービスプロセス全体に共有することで、優れたサービスを実現しているのです。

サービスプロセスをモデル化する

サービスプロセスを組み立てるための具体的な手法として「サービスプロセスのモデル化」があります。サービスプロセスに沿って顧客の事前期待を定義し、それに応えるために注力するポイントを設定していくことで、顧客から高い評価を得られるサービスを設計するという方法です。進め方を4つのステップに分けて説明します（図表18）。

ステップ①はサービスの「提供プロセス」と「顧客プロセス」をセットにして、サービスプロセスを定義します。すでに、サービスプロセスの定義ができているという場合でも安心してはいけません。多くの場合、「提供プロセス」しか定義されていないことがほとんどです。サービスは顧客と

図表18　サービスプロセスのモデル化

出典：『サービスサイエンスによる顧客共創型ITビジネス』諏訪良武・山本政樹著（2015　翔泳社）

一緒につくるものなので、図表18にあるように、提供プロセスと顧客プロセスを必ずセットにして並べることが大切です。両方のプロセスを並べて定義してみると、さまざまな気づきを得ることができます。

たとえば、設備のトラブル対応のサービスプロセスを考えてみます。提供プロセスでは、スタッフが1秒でも早くトラブルを解消しようと作業に没頭しています。このときの顧客プロセスはどうでしょう。顧客は何もしていないのではありません。状況を何も知らされないことにイライラしながら待っているのです。この場合、たとえトラブルが早く解消したとしても、配慮が足りないことが原因でクレームになってしまう可能性が高いのです。そこで、顧客プロセスの欄に「何も知らされずに待たされている」と書いてあれば、顧客にこまめな状況報告をするなどの工夫が必要だと気づくはずです。

このように、「提供プロセス」と「顧客プロセス」を並べて定義することで、顧客目線でサービス全体の流れを見直すことができます。

ステップ②は、プロセスごとに「事前期待」を定義します。ステップ①で定義した一つひとつのサービスプロセスごとに、顧客が何を期待しているのかを定義していくのです。このとき、どんな事前期待に着目すべきかを意識する必要があります。第2章で解説したように、事前期待には4つの種類があります。共通的な事前期待に応えるだけでは、「当たり前サービス」でしかありません。しかし、実際にプロセスごとの事前期待を定義してみると、普段意識している事前期待は、この共通的な事前期待ばかりだったと気づきます。この場合、個別的な事前期待や状況で変化する事前期待、潜在的な事前期待を意識して、顧客から高い評価を得るためのサービスプロセスを組み立て直すと良いでしょう。

ステップ③は、プロセスごとに「注力すべきサービス品質」を定義します。顧客の事前期待に応えるために何に注力すべきかを定義するのです。ここでは、注力すべきポイントをシンプルに表現するために、サービス品質を6つに分解したものを配置しています。

・「正確性」がなければ、顧客からの支持は得られない。
・「迅速性」は、定量評価しやすく、顧客が敏感に評価する。情報処理や物流がスピードアップしている最近は、とくに期待が高まっている。
・「柔軟性」は、千差万別な顧客の要求に応えるために必要。
・「共感性」は、顧客が何を期待しているかをとらえるために欠かせない。
・「安心感」を提供することで、サービスに顧客が感じている不安を解消できる。
・「好印象」を与えることができないと、もったいない失点をしてしまう。

6つのサービス品質はどれも大切ですが、その中でも特にどのサービス品質を発揮することに価値があるのかを明確にして、プロセスごとに定義することが大切です。

勝負プロセスの見定め方

本章の事例からも明らかなように、サービスプロセスの組み立てで極めて重要なのは、ステップ④「勝負プロセス」を設定することです。サービスプロセス全体の中でも、優れたサービスを実現するためにカギを握るプロセスはどこなのか、そこでは具体的にどんな努力をすることに価値があるのかを明確に定義するのです。

サービスの現場は常に忙しさとの戦いで、すべてのプロセスで「あれもこれもがんばれ」といわれてもやりきれません。「やるべきこと」と「やらなくてもいいこと」のメリハリあるサービスプロセスを組み立てる必要があるのです。

サービスの現場はつい目の前の業務にとらわれてしまい、目の前の顧客に喜んでもらいたいという思いから、何でもかんでも対応しがちです。勝負プロセスを明確にすることで、自社の取り組みの盲点に気づいたり、忙しさを解消しながら価値ある努力に集中することができるようになります。効果的かつ効率的にサービスの価値を高めることでサービスの生産性を向上できるようになるのです。

では、勝負プロセスはどのように設定したらいいのでしょうか。ひとつは、第2章で紹介した、サービスの中心に据えた事前期待に応えるには、どのプロセスがポイントになるのかを見定めることです。もうひとつは第4章で触れたサービスシナリオを実現するために、どのプロセスがカギを握っているのかを見定めることです。そうすることで、サービスプロセス全体の中から、特に重要なプロセスが浮かび上がります。勝負プロセスを中心に得点型のサービスプロセスを組み立てることで、組織的にサービスを高めていけるようになります。

勝負プロセスを前倒しする

ここで重要な問いがあります。

「そのプロセスだけ努力すれば、本当に勝負を決めることができるのか？」

多くの場合、着目したプロセスの前段階にも、重要なプロセスがあります。たとえば、営業の勝負プロセスとして「提案プロセス」に着目するとします。そこで、勝負が決められるような提案プロセスを組み立てていきます。

ここで先ほどの問いを考えます。

「本当に提案だけがんばれば、顧客は喜んでサービスを受けたいと思ってくれるのか？」

サービスは目に見えないものなので、利用に不安がある顧客が多く、「提案プロセス」の前の「相談プロセス」で心をつかまなければ、いくらがんばって提案しても空振りに終わる可能性が高いといえます。では、心をつかむ相談プロセスを実現するには、どうしたらいいのでしょうか。相談プロセスの前段階の初期対応で、「この人になら本音で相談してもいいかも」と思ってもらえる関係の構築が必要になるでしょう。

このように、普段重要だと思っていたプロセスよりも前段階に本当の勝負プロセスが見つかることがよくあります。これを、「勝負プロセスの前倒し」といいます。勝負プロセスを前倒しすることができると、サービスプロセスの早い段階で顧客からの評価を高められるので、競合他社に大きなアドバンテージを築きながら、サービスプロセスを進めることができるようになります。

先のサービス営業にたとえれば、提案プロセスではすでに顧客の中で勝負がついているような関係を構築することができるのです。サービスプロセスを一度組み立てたら、勝負プロセスを前倒しすることで、サービスの価値や競争優位性を高めることができないかを検討すると良いでしょう。

本当の勝負プロセスを明らかにしてそこに注力しているサービスはまだ少なく、思い込みの勝負プロセスに目を奪われていることが多々あります。また、把握した顧客の事前期待をサービスプロセス全体で共有して、一貫して事前期待に応えるサービスを提供できていることもあまり多くありません。「勝負プロセスの前倒し」や「事前期待のバトンをつなぐ」ことを意識してサービスプロセスを組み立てることで、サービスに一層の磨きをかけることができるのです。

第6章

共創型サービス人材を育成する

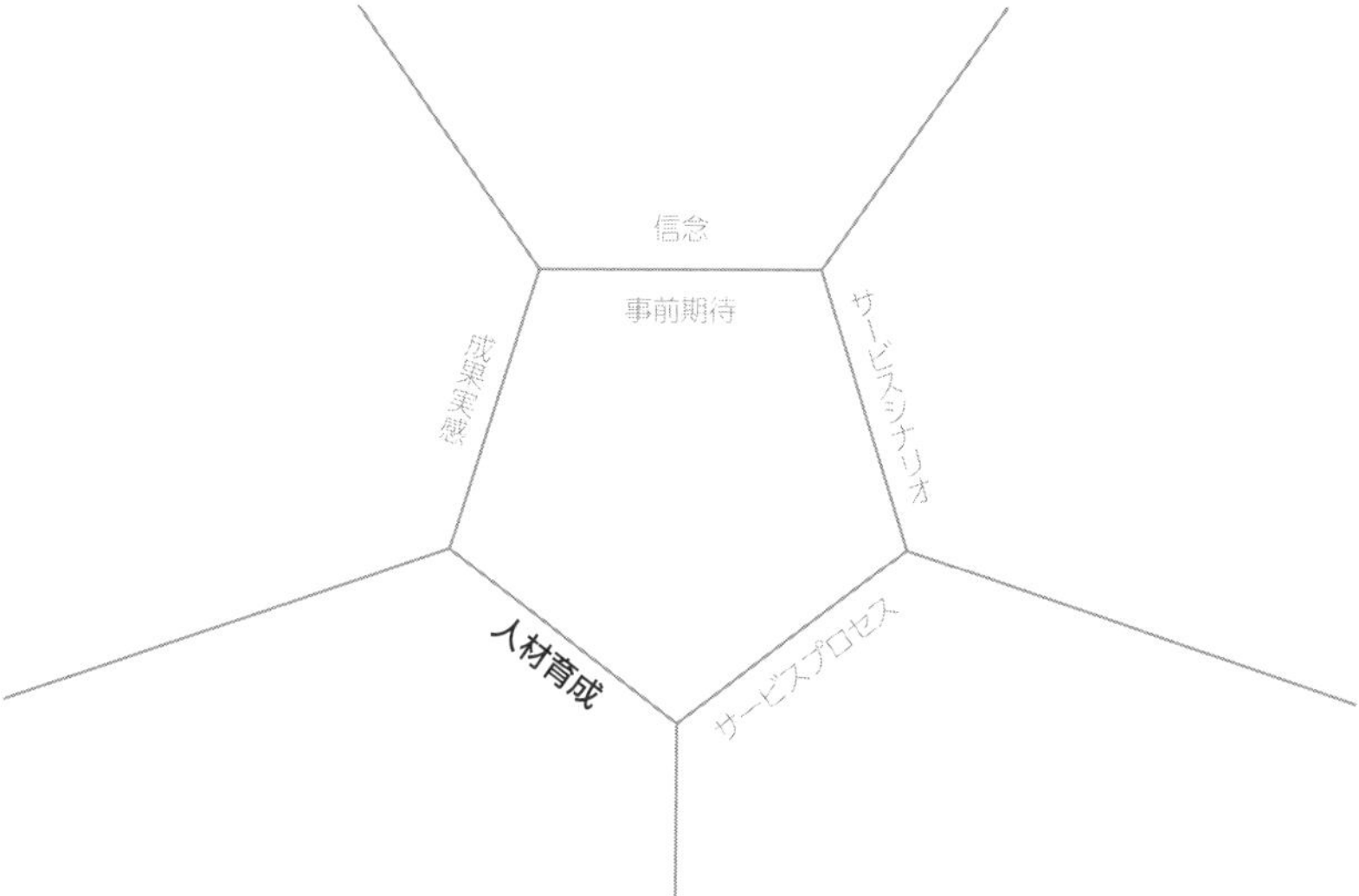

優れたサービスを体現する人材像

サービスの組み立てができればいよいよ実行です。進むべきサービスシナリオを描いて、それを実現するサービスプロセスを組み立てても、それを体現できなければ意味がありません。しかし、いざ実行するとなると、さまざまな問題が発生するものです。

本章では、サービスを体現する担い手である人材の育成について取り上げます。ポイントはこれまで描き、組み立ててきたサービスの在り方を人材像に込めるということです。人材像をどのように定義するのかで、担う役割や育成の方向性が大きく変わります。

「共創型」で変わるサービス人材の役割

これまで、サービスは「提供型」で考えられがちでした。図表19上段のように、提供型のサービスでは、サービス事業者から顧客に向けて一方的に矢印が伸びています。サービス事業者がつくり込んだサービスを顧客に提供するという考え方です。提供型のサービスにおいて人材の育成は、失点しないことに力点を置く事業者が多く見られました。失点しないための知識やスキルの習得、不満やクレーム対応の実践トレーニング、手取り足取りの指導、指示通りにきっちりと対応することなどが求められてきました。

対して、「共創型」のサービスでは、サービス事業者と顧客の距離が近くなり、両者が一緒になってサービスの価値を高めています（図表19下段）。共創型のサービスにおいては、提供型サービスとは異なり、失点しないだけではなく得点を増やせる人材、サービスの成果だけでなくプロセスの評価が高いサービス人材の育成が重視されています。

このように、サービスのスタイルが提供型か

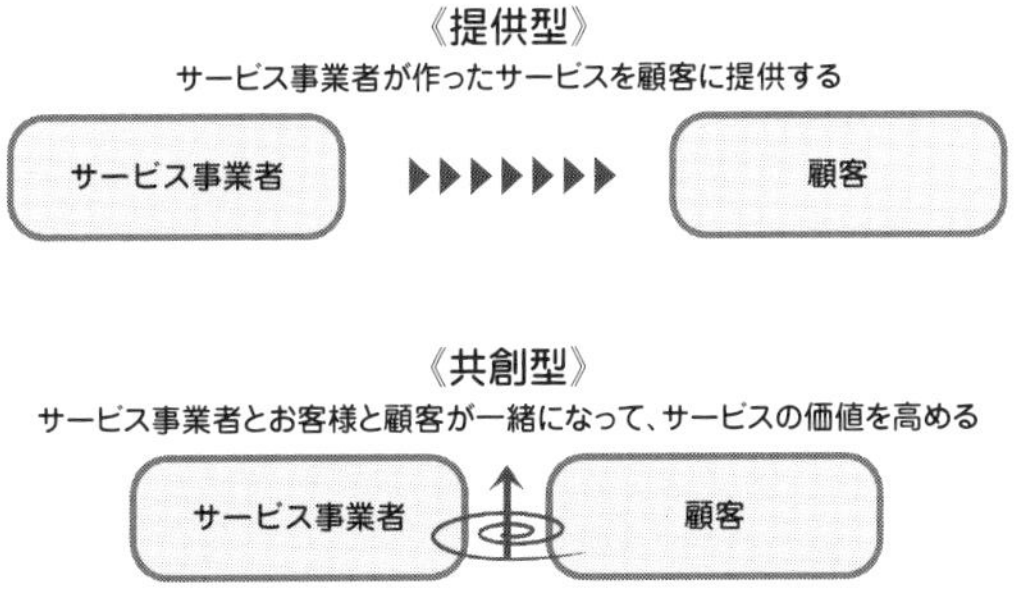
《提供型》
サービス事業者が作ったサービスを顧客に提供する
サービス事業者
顧客
《共創型》
サービス事業者とお客様と顧客が一緒になって、サービスの価値を高める
サービス事業者
顧客

図表19　サービスの「提案型」と「共創型」

ら共創型にシフトしたことで、サービス人材の育成の仕方が変わってきているのです。

組織のサポートで共創を加速する

優れたサービスを実現するためには、現場のサービス人材を育成するだけでは不十分です。個人や現場にまかせきりにするのではなく、組織として顧客との共創をサポートすることが必要です。

たとえば、現場が把握した顧客の事前期待の情報を組織で共有したり、専門的な観点から現場をサポートするなどです。現場での共創の機会を促すために、ある程度の権限移譲や人材の評価を、失点のチェックから得点型に切り替えることも有効です。加えて、常に忙しさと戦っている現場が顧客との共創に時間が割けるように、業務の一部を別組織が代行する取り組みもあります。

このように組織的に現場をサポートすることで、サービス人材が自主的に顧客との共創で実力を発揮できるようになります。

また、現場の共創をサポートするために、組織のマネジャーも育成しなければなりません。

サービスや顧客に関する人材育成の機会は新入社員や若手向けが中心で、サービス事業のマネジャーに対しては手薄になっていることがあります。どういった考え方や価値観でサービス事業をマネジメントし、顧客接点のサービス人材をサポートするべきかを理解することは、サービスマネジャーには欠かせません。また、マネジャーがサービス向上をネガティブにとらえていることで、序章で取り上げた６つの壁にぶつかってしまうことが多々あります。サービス向上の取り組みは、人材や組織の意識変革を伴いながら進めることも大切なのです。

サービスの人材や組織は、どのように定義して育成したらいいのでしょうか。特徴的な取り組みを行っている事例を受賞事例の中から紹介したいと思います。

子どもたちに食文化を伝える「考食師」による給食サービス

株式会社ミールケア

★ ★ ★
経済産業大臣賞
★ ★ ★

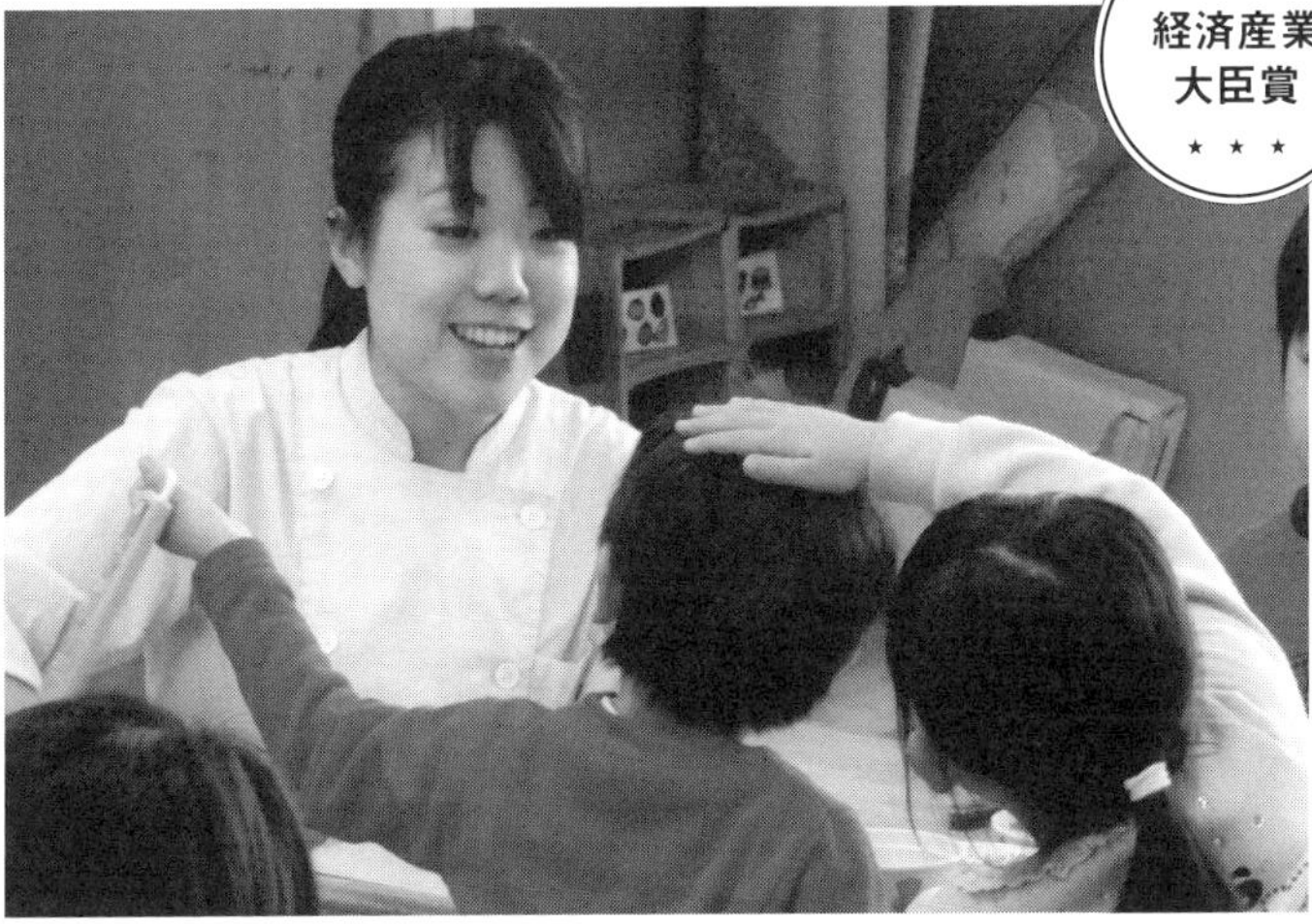

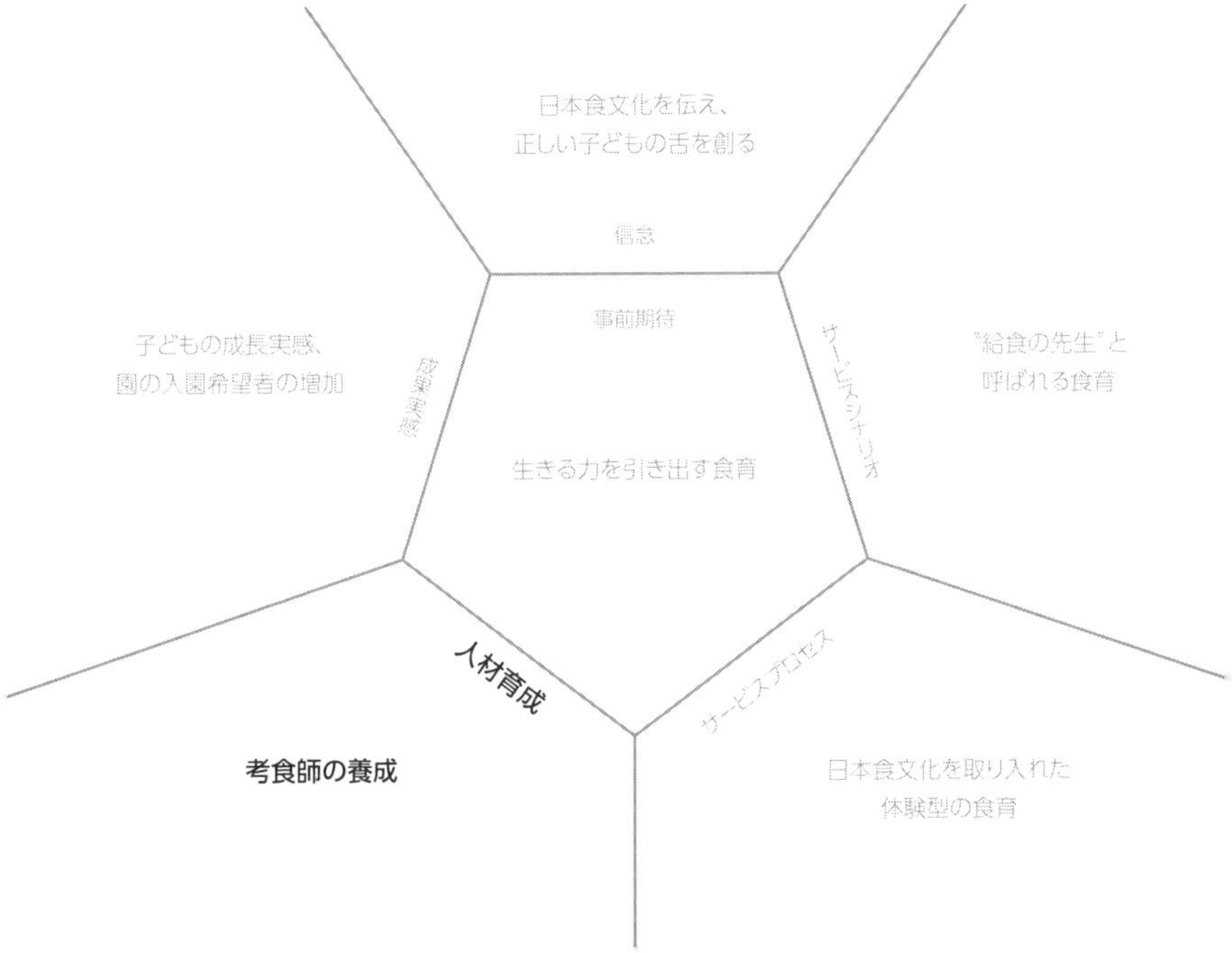

長野市に本社を持ち、幼稚園や保育園などの受託給食事業を全国に展開しているミールケア。仕出しが中心だった幼稚園・保育園の給食で、温かく愛情のこもった手づくりの食事を提供したいと考えたのが本サービスの始まりである。

愛情ある給食を提供するためには、食のプロが和食の伝統と文化を正しく伝える必要があるという考え方のもと、「食育の伝道師」という独自の社内認定資格である「考食師」を創設した。日本の美しい食文化を未来に伝えることを使命とした「考食師」がサービスの要となる。考食師が各園に常勤し、〝正しい子どもの舌を創る〟ための給食づくりに加え、「給食の先生」として園と一緒になって子どもの成長期に合わせた食育計画を立て、箸の使い方や食べ方（一汁三菜）、味覚など子どもたちに日本食文化や礼節・歴史を伝える。

給食の献立は、旬の食材を二十四節気や歳時記に結びつけることで季節の変化に気づく感受性を育む「季節の移ろい」、旨味や風味で正しい味覚を育む「日本の知恵」、その季節にしか食べられない旬を育む「食とのかかわり」などの知恵が詰まっている。さらには子どもたちだけでなく、保護者や園の先生、ひいては地域住民にまでさまざまな形で食育の場を提供している。

考食師の活動はこれだけにとどまらない。長野市北部にある耕作放棄地を子どもたちの農業体験の場として再活用した農園「み〜るんヴィレッジ」での収穫体験や、調理実習といった体験型食育では、生産者への感謝の心や食べ物を大切にする心を育む。さらには「み～る劇団」による食育劇の公演や野菜体操、食に関する絵本の朗読会など、考食師の食育活動は多岐にわたる。子どもが興味をもって食育に参加する風土をつくるのも考食師の役割だ。

考食師が活動する園の給食の現場では、園児たちの元気な声が響きわたる。「今日の卵焼きにはホウレンソウが入ってる！」「お味噌汁に入ってるのは里芋だよ！」「残さず食べるから見ててね！」と、園児が食材を正しく理解していることや、好き嫌いが少ないことに驚かされる。「給食の先生」から学んだ知識や文化・礼節を自宅で親に教える子どもも多く、親子のコミュニケーションや子どもの成長を実感する機会もつくり出しているという。

ミールケアの給食を採用する幼稚園・保育園では入園受付者数が軒並み増加しており、前年比110％以上となった園もある。また、新規受託契約件数も毎年、20％以上増加しており、現在では全国250カ所にまで拡大している。サービスの価値を実感した幼稚園や保育園、さらには保護者から他の園の紹介が続き、営業活動をしなくても新規受注と増収増益につながっている。

この「考食師」による食育のニーズの高さを背景に、考食師による食育活動を世に広め、未来を担う世代に受け渡していく目的で、2016年11月、ミールケアや賛同する加盟団体・企業を中心に、「一般財団法人日本educe食育総合研究所」が設立された。「educe食育（引き出す教育）」をコンセプトに加盟団体・企業とともに「良い食・良い環境」といった日本の美しい食文化を後世に伝える活動を行っている。ミールケアの社内認定資格であった「考食師」資格も、より進化させた形で一般資格化して外部に開放し、育成カリキュラムを整備しながら、社内外問わず考食師を広める取り組みが始まっている。

【受賞理由】

「考食師」が各園に常勤し、〝正しい子どもの舌を創る〟給食づくりに加え、「給食の先生」として会話や演劇、創作物、さまざまな体験学習を通じ、子どもたちに日本食文化や礼節・歴史を伝える給食サービス。考食師のこれらの活動は、一般的な給食サービスの想像を大きく超えるサービスであり、同社の給食の採用が園自体の価値向上にも大きく寄与している。全国250カ所の幼稚園・保育園の子ども達の食育や安心食材を提供する農家も支える優れたサービスである。

「考食師」がサービスを体現する

ミールケアの給食サービスがすばらしいのは、給食のおいしさやメニューといったサービスの成果の観点もさることながら、食育というサービスのプロセスによって、給食サービスの価値を高めている点です。この給食サービスの中心を担うのが考食師です。

ミールケアでは、この考食師が行う食育を「educe（エデュース）食育」と呼び、子どもの感性や生きる力を引き出すような食育に熱心に取り組んでいます。ちなみにエデュースとは引き出すという意味で、考食師に必要なのは、食に関する知識や調理スキルだけでなく、日本の食文化や価値観を理解したうえで、子どもたちの関心や気づき、感性を「引き出す力」です。

ですから考食師が大切にしているのは、子どもたちに教えることではなく、一緒にやってみることだといいます。こうしたスタンスで関わることで、コミュニケーションを通して子どもたちの気持ちの変化をとらえるようにしているのです。

これまでの給食サービスは、調理師がつくった給食を提供することに重きを置いた提供型のサービスが中心でした。それに対してミールケアは、考食師と子どもたちとの関わり合いの中から関心や気づきを引き出すことに重きを置いた共創型のサービスだといえます。それをミールケアでは「給食の先生」と表現しています。「調理師さん」や「給食の〇〇さん」ではなく、子どもたちや保護者、園の先生からも感謝や尊敬をされる「給食の先生」と呼ばれることで、考食師自身もまた、喜びを感じると同時にこう呼ばれることにふさわしい役割を担わなければと、より一層サービスに磨きをかけているのです。

ミールケアは今後に向けて、大きな一歩を踏み出しています。「日本の美しい食文化を未来に伝える」という使命を掲げてきた原点に立ち返り、これまで社内向けに行ってきた考食師の養成を、社外にも提供していくことを決めたのです。

たとえば、保育園や幼稚園であれば、職員自身が考食師として給食の先生を担うことで、食育に力を入れている園として事業の価値を高めることができます。また調理師が、考食師として子どもたちや保護者と関わり合いが増えることで、働きがいのあるキャリア形成にもつながります。

現在、ミールケアには約90名ほどの考食師が各地にいますが、今後社外にも食育に関わる園や職員が増えていくことで、より多くの園児たちに、日本が本来大切にしていた食文化や食の心を育んでいくことができるようになります。そして子どもたちの保護者や園の職員自身も、忘れかけていた日本の食文化に関心を取り戻すきっかけにもなります。

自分たちが提供するサービスにとっての本業が何なのかを明確にすることで、人材や組織が何を大切にするべきかが明らかになります。ミールケアではサービスの要を担う人材を「考食師」と名づけることで、サービスにおいて重要な役割であることを示し、それを担う人材の意識を変え、それに見合った人材を育成し、サービスを成長させてきました。優れたサービスを実現するには、サービスの目指す姿を人材像に込めて定義することが、極めて重要だといえます。

在宅医療により地域を再生するへき地医療サービス

医療法人ゆうの森

地方創生大臣賞

信念

「最期まで住み続けられるまち」の実現

事前期待

この地域、この家で最期まで暮らしたい

サービスシナリオ

持続可能で誰も犠牲にならないへき地医療

サービスプロセス

診療所と在宅医療の融合

人材育成

都市部の医師の当番制モデル

成果実感

本来の「医師のありかた」を再認識できる場

愛媛県にある、在宅医療に特化した医療法人ゆうの森。ここのへき地医療サービスは、へき地医療が医師の自己犠牲がなければ成立しない現状を打開しようとしている。それは、担当医師の負担が少なく、住民患者からも喜ばれる、持続的かつ他地域へ展開可能なへき地医療のサービスモデルだ。

愛媛県松山市から約100キロメートルのところに位置する人口1100人余り（2017年時点）の西予市俵津地区。この地域の公立診療所が2012年に閉鎖されることとなった。診療所の赤字額は年間3000万円にものぼった。診療所がなくなることを危惧した地区住民の不安の声に応え、診療所の運営を引き取ることを決めたのが、ゆうの森の理事長である永井康徳氏だ。80年、90年とその地域で暮らしてきた高齢者が、最期は知らない町の病院のベッドで亡くなる。そういった選択肢しかなかったへき地に、住み慣れた自宅での療養や看取りが可能な医療体制を確立し、最期まで安心して暮らし続けられる医療環境をつくり上げた。「最期まで住み続けられるまち」の実現を使命として、持続可能なへき地医療を再生させる取り組みをスタートさせた。こうして、まちの診療所は「たんぽぽ俵津診療所」として生まれ変わった。

本来であれば、ひとりの医師を常駐させる必要がある診療所だが、県との調整のうえ、都市部の複数の医師の交代勤務制を実現した。曜日ごとに同じ医師が都市部から移動し、午前は外来診療、午後は訪問診療を行う。夜は診療所併設の住居に宿泊。翌朝、翌日担当の医師と入れ替わることで、へき地での勤務を安定的かつ継続的に行える体制となっている。

また、電子カルテやテレビ会議、さまざまな情報共有ツールなどのＩＣＴを利活用することで、へき地と都市部とが、診療方針や患者情報などを共有でき、地域差や時間差のない、複数の医師によるグループ体制の診療所運営を可能にしている。

都市部から交代で医師が常駐する24時間３６５日対応の医療体制の構築と、在宅医療を収入源とする事業モデルを確立したことで、へき地の医療のニーズに応える満足度と収益性の高いサービスを実現し、年間３０００万円の赤字で閉鎖の危機にあった診療所が、今では黒字経営を継続している。さらにはこのサービスがあることで、この地域に薬局や介護施設、宅食サービスが生まれるなど、地域の活性化にもつながっている。そして最近では、へき地医療を志す若い研修医が増えるなど、これからのへき地医療を支える人材の輩出にも貢献している。

高齢化と地方の過疎化は日本の社会問題のひとつだ。過疎地域における医療の空洞化への対策が急務とされている中で、ゆうの森のへき地医療サービスは、人口１１００人余りの町でも診療所経営が成り立つという、へき地医療の新たなモデルを示したといえる。

【受賞理由】

極めて過酷なへき地医療において、担当医師の負担が少なく住民患者からも喜ばれる、持続的かつ他地域へ展開可能なへき地医療を実現したサービス。都市部の医師が毎日交代で常駐し、24時間対応の在宅医療を組み合わせた新たな事業モデルで、患者の利便性と収益性を両立している。周辺には介護施設や薬局の進出などの関連市場も生まれ、へき地医療を志す若い研修医が増えるなど、へき地医療の優れたモデルとなる。

組織力でへき地医療の課題を克服する

へき地医療といえば、〝赤ひげの医者〟が人生を投げ打って、その地の医療を一人で支える、このようなイメージが根強いのではないでしょうか。しかし、医師側の自己犠牲のもとに成立するへき地医療では、継続することも、他のへき地に展開することも困難です。ゆうの森の医療サービスは、大きく3つの取り組みにより、診療所の組織力を強化し、それまでのへき地医療の人材不足やリソース不足という大きな課題を克服しています。

１つめは、都市部の複数の医師による毎日の交代勤務制を実現したことです。「たんぽぽ俵津診療所」には7～10名の医師が日替わりで常駐しています。万が一、医師の一人が勤務を継続できなくなったとしても、安定して医療サービスを継続することができるのです。これは診療所には医師が一人しかいないという、へき地診療所の最大のリスクを回避しています。担当する医師にとっても負担を分散することができるというメリットがあるとともに、地域住民患者にとっても、医師の当番日程に合わせて、違う専門性を持つ複数の医師の診察を最寄りの診療所で受けることが可能になるという大きなメリットを生んでいるのです。

２つめは、在宅医療を組み合わせることにより、診療所にあるベッド数を超える患者をケアできるようになりました。患者にとっても都市部の病院に入院せずとも、住み慣れた自宅での療養が可能になりました。

３つめは、ＩＴの活用による情報共有でグループ診療を可能にしたことです。電子カルテや都市部との情報共有のクラウド型のしくみを導入したことで、一人の医師の経験と知識に頼った診療から、診療方針や患者情報などを即時的、かつ多方面から判断できるグループ診療体制を可能にしました。

ゆうの森では、このような工夫により、へき地診療所の組織力を高めることで、〝赤ひげの医者〟の自己犠牲に頼った診療所を脱却して、持続可能な医療モデルを実現したのです。

医療サービスの原点に立ち返る人材育成の場

ゆうの森の「たんぽぽ俵津診療所」は、持続可能なへき地医療を実現しているだけでなく、医師にとっての大事な人材育成の場にもなっています。地域住民から心から感謝されるへき地診療所での勤務経験や、「患者の最期を住み慣れた地、住みなれた家で看取る」という取り組みは、都市部ではあまり感じることができない、本当に必要とされる「医師の在り方」を再認識できる場となっています。

へき地での医療に従事した経験を通して、ゆうの森の医師達は医療サービスに対する志を再確認し、より一層のサービス向上に情熱を燃やして取り組むことにつながっているのです。

サービス人材の育て方

クルーズトレイン「ななつ星in九州」のクルーの育て方

第5章でも登場したクルーズトレイン「ななつ星in九州」。このサービスは本章のテーマである人材の育成においても特徴的な取り組みをしています。

ななつ星のクルーの中にはもともと、一流のホテルやレストラン、航空会社などで長年キャリアを積んだベテランのサービス人材が多くいます。ハイレベルなサービス教育と多くの顧客経験を通して、腕を磨いた一流のサービス人材が、ななつ星のクルーを志望して集まってきています。難関の選考を勝ち抜いて見事採用が決まると、実に1年間にもおよぶ研修期間が待っているのですが、その1年間のはじめに必ず伝えられることがあります。

「今までの経験やスキルはすべて忘れてください」

型にはまった堅苦しいサービスは必要ないというのです。各業界で長年腕を磨いてきた一流のサービス人材にとっては、これまでの経験を否定されるような衝撃的な言葉です。ななつ星は、顧客が緊張感を持って利用しなければならないようなサービスを目指してはいません。だからこそ、キッチリした堅苦しいサービスではダメだというわけです。必要なのは、「私のためにがんばってくれてありがとう」といっていただけるようなサービス人材の育成です。

ななつ星のクルーは、ひとりの人間として、心から顧客に喜んでいただきたいと思って一生懸命努力できる人材であることが求められています。ななつ星のサービスコンセプトは、「新たな人生にめぐり逢う、旅。」。そのサービスシナリオの中心は、自分自身や一緒に旅をするパートナーと歩むこれからの生き方とのめぐり逢いとしています。

他にも、顧客同士のめぐり逢いや、九州の人や文化とのめぐり逢いもあります。そしてその中には、「クルーとのめぐり逢い」もしっかりと描かれています。「私たちの旅をこの人に担当してもらえて本当に良かった」「私たちのためにがんばってくれてありがとう」、そういってもらえるクルーが求められています。だからこそ、「今までの経験やスキルはすべて忘れてください」という言葉が、ななつ星のクルーの育成の最初に伝えられるのです。

家づくりを物語にするフォレストコーポレーションの「突破力」

第2章でも登場したフォレストコーポレーションの人材育成も大変興味深いものです。着目すべきは、顧客からの人材への評価の高さです。「フォレストの人は、誰に合っても素敵な方ばかりだね」「こんなに親身になってくれるなんて思わなかった」「これからの生き方を一緒に考えていただけてとても嬉しかった」。

実は、同社の社員の平均年齢は34歳と、とても若く、約5割が女性です。そして新卒社員を毎年採用しているのですが、学生の「建築の専門性」にはこだわっていないといいます。もちろん入社後には、専門的な知識やスキルを習得するための教育も熱心に行われるのですが、それ以上に、お互いに助け合い、学びあい、刺激しあいながら成長することをフォローするための人材育成や評価制度の運用にも力を入れています。

フォレストコーポレーションのサービス人材のキーワードは「突破力」です。同社では「突破力」を、〝課題を成し遂げるために必要な気概、行動、能力〟と定義しています。会社としての目標を達成するための突破力でもありますが、顧客が本当に望む家づくりを実現するための突破力でもあります。また、ひとつの家づくりに実にさまざまな担当者や職人が関わるため、個々の社員が突破力を発揮するだけでなく、組織的に突破力を発揮するために周囲を巻き込む力も求められます。

第4章でも触れましたが、サービスの評価は「成果」に対する評価と「プロセス」に対する評価に分解できます。サービスは顧客と一緒につくるものなので、その共創のプロセスで評価を得られるような人材育成は欠かせないのです。この観点でいえば、「突破力」はサービスの成果を高めるだけでなく、プロセスの評価を高めることに大きく貢献するスキルだといえます。

用意されている「壁」で突破力を養う

フォレストコーポレーションでは、突破力を養うための指標として「業務遂行」「課題形成」「場を活かす」の3つの評価項目を定めてトレーニングを重ねています。では、突破力のある人材をどのように育成しているのでしょうか。

まずは、住宅業界の常識やサービス提供者の都合に流されることなく、顧客の家づくりへの思いに応えたいと心の底から思えるマインドを持てることを重視しています。これにより、ひとつの顧客の家づくりに対して、組織全員が一丸となることができるのです。顧客の家づくりを自分事として本気になれることが、まずは突破力の第一歩だといえます。フォレストコーポレーションの社員は、誰に会っても気持ちいいほど素直で顧客に対して本気で接する方ばかりなのです。

しかし、それだけでは不十分です。突破力は、壁にぶつかったときにこそ求められます。つまり、問題解決力や粘り強さといった壁を乗り越える力が必要になります。壁を乗り越える力は、教育や研修だけで簡単に育成できるものではありません。フォレストコーポレーションの取り組みを見てみると、日常的に壁を乗り越えるトレーニングを積み重ねることがしくみ化されていることに気づきます。たとえば「Ｇｉｂ制度」というものがあります。これは、四半期ごとにチーム単位でテーマに取り組み、四半期末の全社成果報告会に臨むものです。また、四半期ごとに課題図書が出され、その読書感想文の表彰を行っています。

他にも、従業員同士でノミネートし、投票を通して表彰する「アワーズ制度」など、さまざまな高さの壁が用意され、その壁を越えることを評価する場が設けられています。この一つひとつの壁に対して、社員は常に全力で向かっていることで、壁を乗り越える突破力を磨いているのです。

サービス改革に取り組む企業はよく壁にぶつかります。このときの反応は大きく2つに分かれます。壁にぶつかるたびに「うまくいかない理由」を探して諦めてしまう人。もう一方は、壁にぶつかっても「うまくいく理由」を探し出して、前向きに壁を越えようとチャレンジを継続できる人です。まさに、フォレストコーポレーションの優れたサービスは後者であり、社員一人ひとりの突破力によりつくられているといえそうです。

サービスの目指す姿を人材像に込める

本章で紹介した事例から、サービス人材には、サービスの在り方そのものが込められていることがわかります。ミールケアでは同社のサービス人材の目指す姿を「考食師」として定義しています。子どもの感性を引き出す力を養われた考食師を中心に、エデュース(引き出す)食育を具現化していました。ゆうの森では、都市部の医師の交代勤務体制と情報共有のしくみによるグループ診療で組織力を高め、へき地医療の課題を克服していました。また、へき地医療に関わることで医師たちがやりがいを実感し、さらに組織力を高めています。そして、ななつ星では、「がんばってくれてありがとう」といってもらえるサービス人材を目指して、今までの一流の業務スキルをすべて捨てるところからスタートする人材育成プログラムを設けています。フォレストコーポレーションでは、サービス人材に必要な力を「突破力」と定義し、日常業務の中にも小さな壁を用意することで、日ごろから突破力を高める習慣が備わった人材を育てています。

このようにサービス人材の育成は、そのサービス事業がどう在りたいかによって大きく変わります。サービスの目指すべき姿を、サービスの担い手である人材像に込めるのです。サービス人材育成の仕方は決してひとつではありません。サービスの在り方に立ち返って、どんなサービス人材をどう育成する必要があるのかを、改めて考えてみてはどうでしょうか。

事前期待をとらえる「アンテナ」の感度を高める

サービス人材の育成において重要な観点は、事前期待をとらえるためのアンテナと、事前期待に応えるためのスキルのどちらに課題があるのかを切り分けて考えることです。筆者がこれまで接してきた優秀なサービス人材は、千差万別の事前期待の中から、価値ある事前期待をとらえることに長けている人ばかりです。一方で、人材育成に苦戦している事業者に見られる傾向としては、何をすべきかに着目してスキルを磨くことに終止してしまっています。事前期待をとらえるアンテナの感度が低いにもかかわらず、いくらスキルを磨いても、顧客の期待に応えることはできません。まずはサービス人材の事前期待へのアンテナの感度を高めることが大切です。

その具体策は、まず第2章で解説した、「事前期待の目標設定」です。優れたサービスを実現するために満たすべき事前期待を定義することで、具体的にどのような事前期待に着目すべきか見定められるようになります。

さらには、サービス人材の「共感性」を磨きます。共感性を持って顧客に接することができなければ、顧客ごとの事前期待をとらえることや、顧客と一緒にサービスをつくることはできません。共感性を補完するものとして、「観察の視点」を身につけることも有効です。顧客の事前期待を、会話の内容や行動、雰囲気などから判断するための視点を、トレーニングやサービスガイドの形で示すのです。そのためには、先に触れた優秀なサービス人材が事前期待をとらえるときに直観的に行っていることをひも解いて見える形にすることが有効です。

顧客の事前期待をとらえるアンテナの感度を高めることに加えて、その事前期待に応えるためのスキルを磨くことも大切です。スキルを磨く際は、第5章で説明した「サービスプロセスの設計」を使うことが有効です。実際にサービスプロセス設計を人材育成に活用している事業者は、サービスプロセスに沿ったロールプレイングや、現場のサービスレベルの測定、人事評価にも活用しています。

　このように、サービス人材には、サービスの在り方そのものが込められています。優れたサービスを体現する担い手として、サービス人材を再定義し、事前期待をとらえるアンテナを磨き、それに応えるスキルを磨いて、育成を加速することが、優れたサービスへの近道なのです。

第7章

価値ある成果を実感する

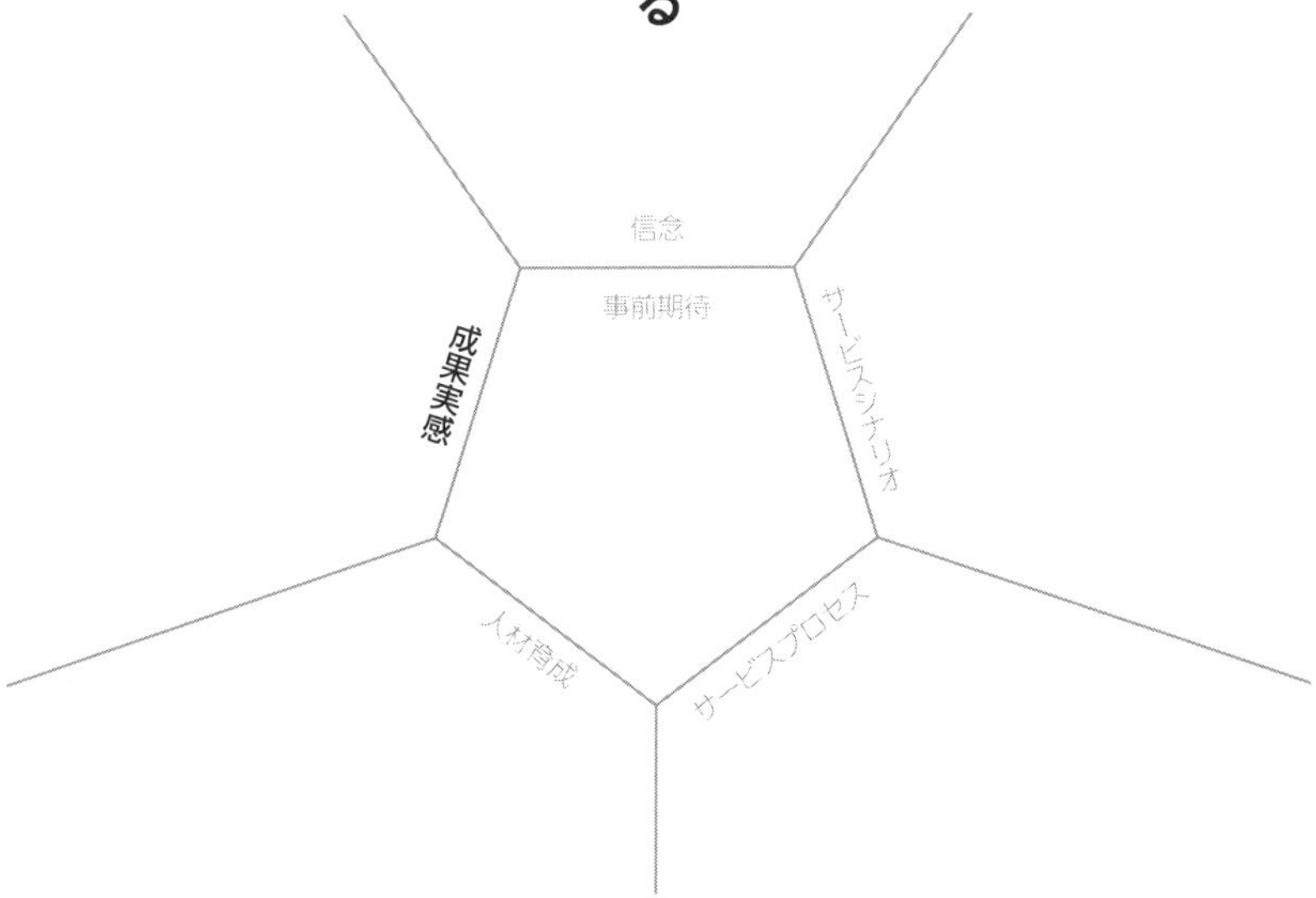

目に見えないからこそ成果実感がカギに

取り組みの実行が進みはじめたら、最後は「継続の壁」です。最初は盛り上がっていた取り組みが、時間とともに徐々にモチベーションが低下して、継続できなくなってしまう壁です。取り組みを継続し、展開するには、サービスの成果の評価とフィードバックを通して、「成果実感」を組織で共有することが極めて重要です。メンバーが納得して始めた活動で、少しでも成果を実感できると、取り組みが一気に加速するのです。

本章では、どのような観点で成果を評価すると、成果実感に直結するのかをひも解きます。

顧客満足度が向上してもリピートが増えないワケ

「顧客満足度のスコアが向上しているのに、リピートが増えなくて困っています」

最近、このような相談が多くなっています。顧客満足向上の目的のひとつは、リピートオーダーやロイヤルカスタマーを増やすことです。しかし、長年顧客満足向上に取り組んできた事業者の中には、顧客満足のスコアが向上しているのにリピーターやロイヤルカスタマーが増えなくて悩んでいることがあります。

なぜ顧客満足が向上しても、リピートが増えないのでしょうか。その謎を解くためには、顧客満足度とリピートオーダーの可能性の相関関係（図表20）について理解する必要があります。

これは多くのマーケット調査や、筆者が支援した事業者の調査結果の傾向を示したものです。ここから、次のようなことがわかります。

◆顧客満足度が「不満（1点）」から「やや不満（2点）」「普通（3点）」「やや満足（4点）」と高まっても、リピートオーダーの可能性はほとんど高まっていない。

◆「大満足（5点）」になってはじめて、リピートオーダー

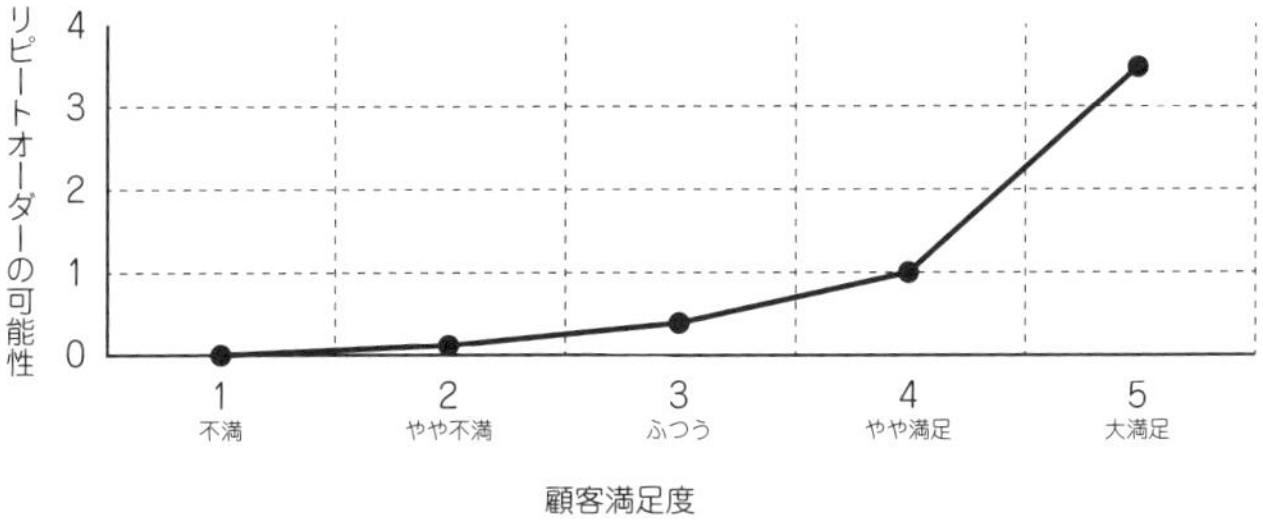

図表20　顧客満足度とリピートの相関関係

の可能性が急激に高まる。

◆「やや満足（4点）」と答えた顧客の、実に97％以上がリピートしない可能性があるという調査結果がある。

「顧客満足度が高まるにつれて、リピートオーダーの可能性が比例的に高まる」という考え方は間違っていたのです。つまり、リピートオーダーを得るためには大満足があるのみということです。リピートオーダーを増やすことを目的にした顧客満足の向上であるならば、「やや満足」を増やしても意味がなく、「大満足」に価値があることを肝に銘じる必要があるといえます。

このことを理解したうえで、これまで取り組まれてきた顧客満足度調査を振り返ってみると、少し筋違いだった点が見えてきます。それは、平均値に着目してしまっていることです。あるいは、大満足とやや満足を合算して、「満足度が80％もある」と安心してしまっていることです。

たとえば、5段階評価（1点：不満〜5点：大満足）で顧客満足度を調査した結果を見て、「昨年の我が社の顧客満足度は平均値が3.2点だったので今年は3.7点を目標にしよう」として取り組みます。1年間必死に取り組んだ結果、見事に顧客満足度の平均値が3.2点から

３・７点に向上したにもかかわらず、肝心のリピートオーダーは大して増えないといった具合になるわけです。

このように平均値に着目して取り組んでも、うまく成果につながりません。なぜなら、先述した通り、大満足でなければリピートオーダーにつながらないからです。

「感情的な大満足」が本当のリピートにつながる

では、顧客満足をリピートにつなげるにはどうすればいいのでしょうか。着目すべきは平均値ではなく、「やや満足」です。「やや満足」と答えた顧客を特定して、その顧客に「大満足」と評価していただくためには何をすべきかに照準を絞って取り組むのです。ただし、「やや満足」と答えた顧客を特定しても、顧客の名前や利用履歴がわかったところで、どうしたら大満足してもらえるのかはわかりません。

そこで重要な情報が、「やや満足」と答えた顧客の事前期待です。これがわかれば、「大満足」の評価をもらうための次の一手が浮かび上がってくるというわけです。そうすることで、平均値に着目して取り組むよりも、はるかに効果的で具体的な取り組みを推進することができます。このように、顧客満足向上を通してリピートにつなげるためのポイントのひとつは、「やや満足」の顧客に「大満足」してもらうというものです（図表21①）。

もうひとつ、リピートを増やすためのポイントが、大満足の理由に着目することで明らかになります。

大手クレジットカード会社の顧客が「大満足」と答えた理由を分析したところ、２つのタイプに分類できることがわかりました。ひとつは、論理的な理由で大満足と答えた顧客です。たとえば、「納得のコストパフォーマンスでした」といった類のものです。頭で考えて大満足と回答した顧客といえます。もう一方は、感情的な理由で大満足と答えた顧客です。満足した理由に「すごく助かりました」「感激しました」というような言葉が並びます。つまり、心で感じて大満足と答えた顧客です。

大満足を「論理的な大満足」と、「感情的な大満足」の２

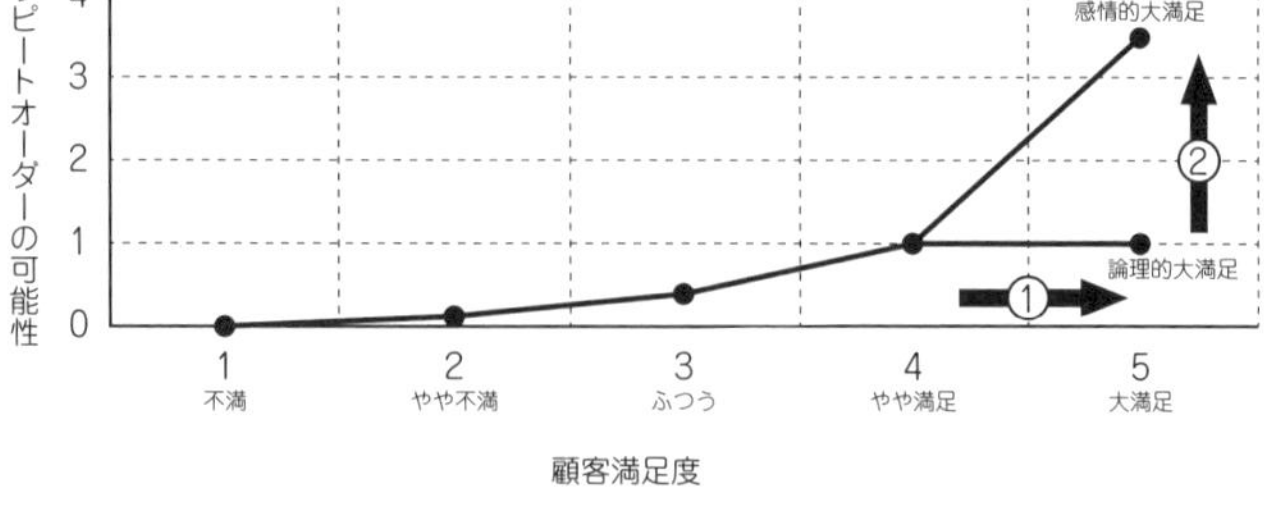

図表21　リピートにつなげる２つのポイント

つに分類したうえで、リピートオーダーの可能性を分析してみると、興味深いことがわかりました。それは、論理的な大満足の顧客は、「やや満足」の顧客と同程度しかリピートしない可能性が高いことです。

ようするに、本当の意味でリピートしていただけるのは、感情的な大満足の顧客だということになります。顧客に選ばれ続けるサービスであるためには、感情的な理由で大満足した顧客を増やすことが重要なのです（図表21②）。これが、顧客満足向上をリピートにつなげるための２つ目のポイントです。そのためには、顧客の事前期待のうちで、感情的な大満足につながる事前期待を特定して、それに徹底的に応えていくことが有効です。

このように、顧客満足度とリピートの関係性を論理的に理解してみると、２つの着目すべきポイント、「①やや満足から大満足になっていただく」「②論理的な理由での大満足より、感情的な理由での大満足を目指す」で、顧客満足向上をリピートオーダーに繋げるための目標が明らかになり、次の一手が見えてきます。

サービスが生み出す成果には実にさまざまなものがありますが、ここからは、その成果をどういった観点で評価し、実感することで、取り組みの継続性を高めているのかに着目して、事例をひも解きます。

こどもの職業・社会体験施設「キッザニア」

KCJ GROUP株式会社

優秀賞
（SPRING賞）

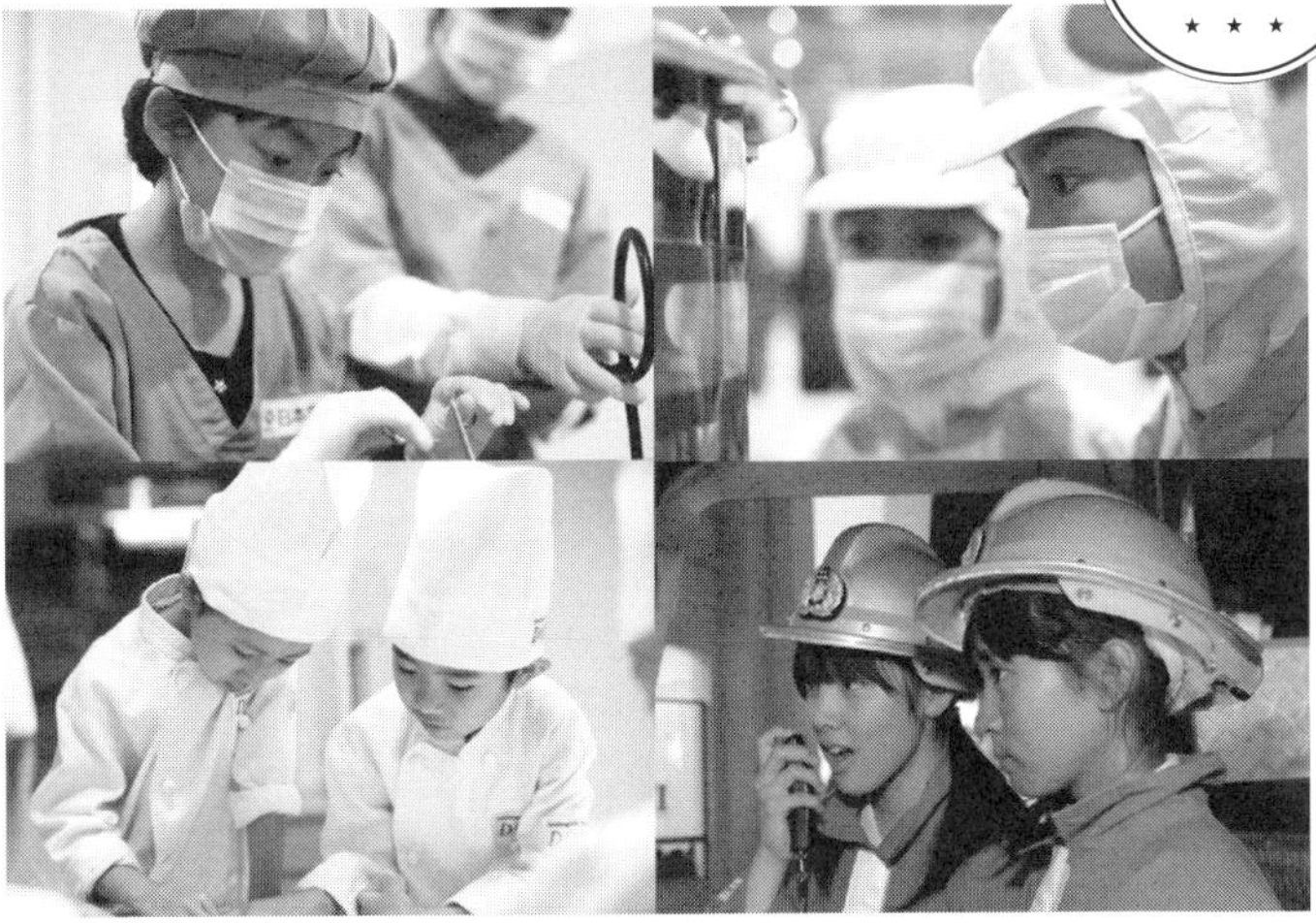

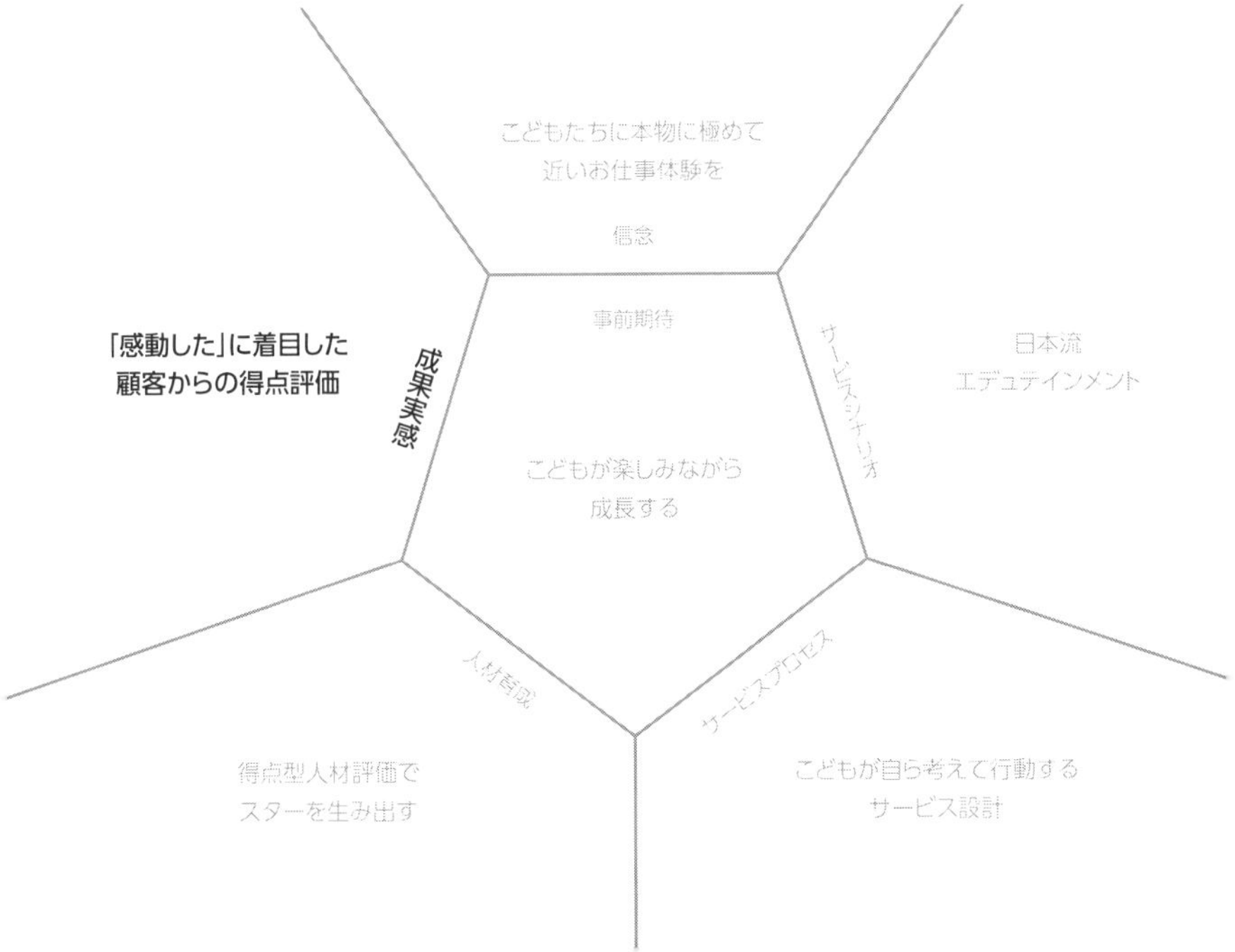

「キッザニア」は、こどもたちが限りなく本物に近い約１００種類の職業・社会体験を通じて、楽しみながら学ぶ体験型施設だ。１９９９年にメキシコのＫＺＭ社が始めた施設だが、メキシコ外への展開第一号として、日本独自の運営方法を織り交ぜながら、ＫＣＪ ＧＲＯＵＰが日本で設立した。

現在はキッザニア東京（東京都江東区）とキッザニア甲子園（兵庫県西宮市）に展開している。「エデュテインメント＝学ぶ（エデュケーション）＋楽しむ（エンターテインメント）」というコンセプトを体現している。単なる海外のサービスモデルの輸入ではなく、日本ならではの「エデュテインメント」を体現するために、ゼロから徹底的に日本流につくりあげた。キッザニアは日本を代表するエデュテインメントサービスだ。

こどもたちは、スポンサー企業が提供する実際のユニホーム、道具、設備を使って本物さながらの職業体験を行う。体験した仕事に対して専用通貨「キッゾ」が支払われる。キッゾは、施設内での買い物や他のサービスへの支払いに使うことができ、一定の利息がつく「銀行口座」に貯めておくこともできる。次回利用時に、施設内のＡＴＭから引き出すことができるなど、お金に関する社会システムについても学べる仕掛けとなっている。

施設内ではこどもたちが自ら考えることを重視して接する。スーパーバイザー（キッザニア施設内で顧客と直接、接するスタッフ）は教えるのではなく、多くの気づきを引き出せるような声かけを行う。道を聞かれたら直接、教えるのではなく、地図を見ながら一緒に考える。施設内でのアクティビティ（体験できる仕事やサービス）の予約も基本的には、こども自らが行っている。スタッフとこども、はじめて出会うこども同士でも、コミュニケーションを活発に行えるよう、施設や運営手法が設計されている。

キッザニア体験後のこどもには、生活態度や行動に望ましい変化が生じるとの報告もある。「積極性や自立心、協調性が高まった」「働くことに対する興味が増すことで、学習に対しての動機づけが強くなる」といった調査結果も出ている。また、親子のコミュニケーション促進にも寄与している。サービスに対する満足度・評価の高さが来場者数の増加につながっている。

【受賞理由】

限りなく本物に近い60種以上のパビリオンで、こどもが楽しみながら社会性を学ぶ「エデュテインメント」を体現する職業・社会体験サービス。体験を通じてコミュニケーションや協調性などが身につくとともに、お金に関する社会システムも学べる。こども自ら各アクティビティの予約を調整し、社員、職人になりきって職業を学ぶひたむきな姿、達成感・感動を生む演出は、学びのモデルとして優れている。

顧客満足を徹底的に得点型で評価する

キッザニアは、年間150万人以上もの来場があり、満足している利用者は親も子も、ともに9割を越えています。そして、来場者の約7割以上がリピーターで、新規顧客も多くが利用者からの紹介やクチコミがきっかけで増えており、まさにサービスの成功モデルといえます。ここで、選ばれ続けるためにキッザニアが行っている成果実感の工夫に着目してみましょう。

他のサービス業同様、キッザニアでも顧客アンケートを集めています。特徴的なのが、その評価指標です。顧客満足の項目の最高スコアは「大満足」ではなく、「感動した」としています。キッザニアでは、この最高評価の「感動した」と答える顧客をどれだけ増やせるかに照準を絞って、熱心にサービスを磨き上げているのです。キッザニアが「大満足」の、さらに上の「感動した」に着目するのは、何を意味しているのでしょうか。

先述した通り、顧客にリピートしていただくためには「大満足」あるのみです。しかも、心で感じる感情的大満足でなくてはなりません。このように、顧客満足とリピートの関係性を少しロジカルに理解してみると、キッザニアで最高評価を「感動した」として、ここに照準を絞ってサービスを磨いている価値がよくわかります。顧客満足向上の取り組みを徹底的に得点型に振り切ることで、来場者の約7割以上がリピーターになり、新規顧客も多くが紹介やクチコミで増えているという成果につながっているといえます。

社内評価も得点型を徹底する

キッザニアのサービスを支えるのは、スーパーバイザーと呼ばれるサービススタッフです。キッザニアでは、このスタッフの評価も得点型を重視しています。評価や教育のしくみも日本で独自に考えられており、7段階のランク評価と教育体系を整備しています。この中で、最高ランクのスタッフの中から、全スタッフのロールモデルとなる「プレミアスーパーバイザー」を半年に1回選出しています。このプレミアスーパーバイザーは、サービスの現場だけでなく、会社の顔としての対外的な対応まで担います。

このように、スタッフの中からスターを生み出すことで、社内外からのリスペクトを集める人材を輩出し、他のスタッフが「自分もいつかはあんなふうになりたい」という目標をもてるようにしているのです。このようなスタッフのロールモデルになるためには、お手本としての行動ができるだけでなく、他者を育成できることも重視されています。こうすることで、スタッフ同士が支え合い、成長し合えるように工夫しているのです。

このように、キッザニアのサービスから、優れたサービスのポイントをひも解いてみると、価値ある成果の方向性が明らかになってきます。ついついサービスのマネジメントの立場に立つと、「いかに失点をなくすか」の方向にばかり着目してしまいますが、これからは、「得点をいかに増やせるか」という方向で、サービスを磨き上げた企業が選ばれる時代になったといえるでしょう。

海女小屋体験「はちまんかまど」

有限会社兵吉屋

地方創生大臣賞

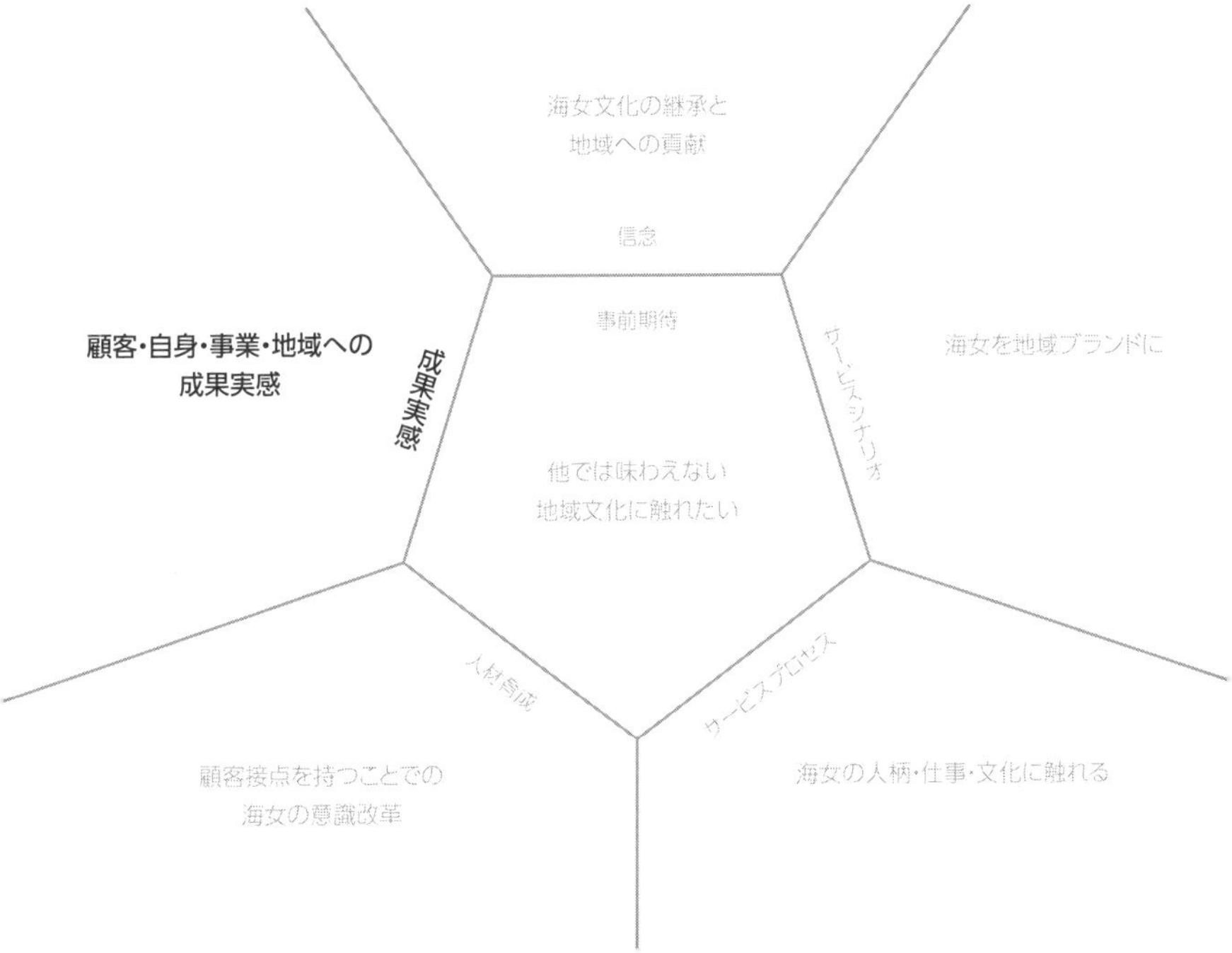

三重県といえば「海女」というイメージが定着してきている。今では、日本国内だけでなく海外からの来訪者も増えており、「海女」が三重県の外国人旅行客誘客の柱になっている。

この「海女ブランド」の火つけ役が、兵吉屋が伊勢志摩地方で提供する海女小屋体験サービス「はちまんかまど」だ。海女小屋を開放し、囲炉裏の手焼きでふるまわれる海女自ら獲ってきた海の幸を食しながら、海女とのコミュニケーションを通じて海女文化に触れられる体験型サービス。海女の歴史、海女漁の過酷な実態の話、漁の道具の実物、海女に伝わる舞の披露など、旅行者にとって非日常の海女文化を体験できる。

海女小屋体験のサービスが生まれた鳥羽市相差町は、日本で最も海女が多い町だ。ここでは年々、海女の高齢化と減少といった問題が深刻化していた。「海女では食べていけない」といった経済的な理由も大きな原因のひとつだった。サービス開始のきっかけは、２００４年、「海女さんとふれあいたい」とアメリカから代表の野村一弘氏に連絡が入ったことだ。本来海女小屋は、漁から戻った海女が着替えて冷えた体を温める場所であり、たとえ家族であっても海女以外の人間が入ることは許されなかった神聖な場所である。実母が現役の海女を営んでいた野村一弘氏は、悩んだ末に実母に相談した結果、海女小屋見学の了解を得る。こうして、日本ではじめて海女小屋を開放して、海外からの団体旅行客を受け入れたことで、海女文化に触れることができるサービスが誕生した。

これまで閉ざされてきた地域文化を開放して発信するこのサービスは、その地域ならではの文化がその地域の経済の活性化に貢献し、同時に地域文化の継承にもつながっており、地方創生を代表するサービスになっている。いまや「海女」は三重県の一大ブランドであり、地元の人々が海女文化の価値を再認識し、自分たちの地域や文化に誇りを持てるようになっている。そして、世界中からここの海女小屋を目指して観光客が集まってきており、日本の魅力を発信するキースポットになるまでに成長している。

【受賞理由】

伊勢志摩地方の「海女」ブランド活性化の火つけ役であり、三重県や伊勢志摩の地域経済を支えるサービスである。海女小屋で海女と語り合いながら実際に獲った海産物を食し、海女文化に触れられる非日常の感動体験を、地域や宗教・文化を超えて提供し続けている。伊勢神宮の遷宮後も観光客は増加しており、近隣には海女の関連市場（土産物屋、直売所、カフェ、パワースポットなど）が次々と創出され、地域の活性化に寄与している。

成果実感の積み重ねがやり抜く力に

兵吉屋の野村代表は、はじめからこの成功シナリオを描いて海女小屋体験「はちまんかまど」のサービス事業を立ち上げたわけではありません。このサービスは、前例がない新しい事業であったこと、海女が地域文化に根差しており、地域の経済や生活とも関わりが深かったがゆえに、今のように「海女小屋体験」が地域に受け入れられ、地域経済の活性化に貢献するようになるまでには、実に10年もの歳月がかかったといいます。まさに、苦難の道のりだったことでしょう。

この10年もの間、なぜ諦めることなくこのサービス事業を続けることができたのでしょうか。そこには、日本で最も海女が多い町で、その海女文化が消えてしまうかもしれないという危機感と、伊勢志摩地域の活性化にかける使命感があったからにほかなりません。しかし、こういった熱い思いだけで10年間努力し続けることは容易ではないでしょう。時間がかかっても、サービス事業が成功するまでやり抜くためにもうひとつの大切な要素が「成果実感」です。兵吉屋の場合は、４つの成果実感を積み重ねてきました。

１つめは、顧客評価の実感です。このサービスでは、現役の海女が海女小屋での生活や仕事の様子を見せ、海女の歴史や現状を語ります。そうすることで、食している海産物は海女が命がけで獲ってきたものだということを顧客が体感し、海女の仕事や海女文化に感激して、敬意の念が生まれるのです。

２つめは、サービス提供者である海女自身の喜びの実感です。顧客が感激する様子を見て、海女自身も顧客に喜んでもらうことへのやりがいや、自分たちの海女という仕事への誇りを実感するのです。実際にサービスに従事する海女は、顧客と触れ合うことが楽しくて仕方がないといった様子で、持ち前の明るさと人懐っこさがまた、このサービスの魅力を高めています。

３つめは、顧客のリピートやクチコミにより、利用者数が徐々に増加することによる事業成長の実感です。２００４年のサービス開始時に比べて、今では約20倍以上の顧客の利用があり、ピークと見られていた２０１３年の伊勢神宮の遷宮後も、訪問者が増加し続けています。事業が成長している実感がなければ、なかなかサービス事業を継続することはできません。最初は小さな変化であっても、事業の成長を実感することは欠かせないのです。

そしてもうひとつ大切な成果実感が、４つめとなる地域貢献の実感です。海女文化は、地域文化そのものであり、地域の経済とも密接にかかわっています。地域の文化を開放するサービス事業において、地域に貢献することは極めて重要な成果だといえます。それを象徴する取り組みを紹介します。

兵吉屋は海女小屋体験サービスから派生して、お守り製作事業も展開している。これは、海女が安全と豊漁を願って通った石神様が祭られている神社への観光客が増えたことで生まれた事業だ。このお守り製作は、海女が海に出られない日の副収入となり、経済面で海女文化の継承を支えている。加えてこのお守りの製作は、その地域になくてはならない商店や、体が不自由で働きに出られない家庭などにも内職として展開することで、地域住民の生活を守ることにもつなげているのだ。お守りの製造を請け負う業者にまかせてしまえば、安く手間なくできてしまうが、それは敢えてしないことに決めているという。

このように、顧客評価の実感、現場スタッフの喜びの実感、事業成長の実感、地域貢献の実感の4つの成果実感を小さなところから積み上げることで、大きな成果を実感できるまでの10年間、事業を継続することができたのです。三重県の伊勢志摩地域を訪れてみると、地域のいたる所に「海女カフェ」や「海女体験」など、海女を掲げたお店があることに驚きます。まさに、この10年間の努力の結晶ともいえるこの光景に、熱いものがこみ上げてきます。

成果実感が、さらにサービスを磨き上げるための熱い思いになり、サービス事業の原動力になっているといえます。

継続する力を高める成果の形

仕事の意義の実感がやりがいを高める

普段顧客と接点を持っていなかったところに、顧客接点での成果実感を加えることで、サービスを磨くモチベーションを高めることができます。

たとえば旭山動物園では、これまで動物のお世話が本業だった飼育員が顧客接点に出て、飼育員にしかわからない動物の魅力を話したり、館内の掲示物を自分でつくったりといった役割を担っています。飼育員が顧客接点で直接顧客の笑顔に触れ、喜んでいただくという成功体験を得ることで、自分たちはサービス業なのだという自覚を高めるとともに、サービスを自発的に磨き上げるモチベーションにつなげているのです。

フォレストコーポレーションは、自分たちの家に使う木を選んで切るところから顧客に参加してもらうことで、家づくりを家族の感動の物語に変えています。顧客が自分の家に使う木を選んで切るというサービスプロセスで、今までエンドユーザーと直接の接点のなかった林業従事者である山師たちが顧客との接点を持つようになりました。この林業従事者たちも、顧客が感心し、感動する姿を目の当たりにして、自分たちの林業の仕事に誇りや喜びを感じ、山師としての働きがいにつながっています。同時に、家の木を選んで切る経験を通して、顧客が信州の山に関心を持ち、信州の林業を応援したり、関わりを持つようになってきています。さらには、この家づくりサービスの中で、顧客の感動の場面を社員が目の当たりにすることで、社員は自分たちの仕事の意義を実感し、働き甲斐を高めています。その証拠に、企業の『働き甲斐ランキング』において、フォレストコーポレーションはＴＯＰ30位に毎年入賞しています。その評価指標の中でも特に、「自分の仕事が社会に貢献していることの実感」の項目において高い評価を得ています。顧客接点で自分たちの仕事の意義を実感することは、サービスを磨き上げるモチベーションを劇的に高めてくれるといえます。

応援される実感が力になる

日本サービス大賞の受賞サービスの共通点のひとつに、周囲からの応援者がとても多いことが挙げられます。顧客からの評価が高いだけでなく、顧客が一番の応援者になっているのです。同時に、顧客の喜びを自分たちの喜びに変えることで、サービス事業に関わるパートナーまでもが、サービスの応援者になっています。さらにはその地域の希望や誇りとして、地域からの応援者も増えています。そして、日本サービス大賞を通じて、優れたサービスにスポットライトが当たることで、そのサービスのことを多くの人が知るきっかけとなり、日本中に応援者が増えていくことでしょう。優れたサービスは、そのサービスに触れた方々から応援されるようなサービスでもあるのです。

ななつ星は、九州や日本の魅力を世界に発信する世界一のクルーズトレインを目指して、サービスを提供しています。それが九州の誇りや希望になり、地域の方々が自主的に列車に手を振ったり、沿線に花を植えたりと、九州中からななつ星は応援されているのです。今ではその光景もななつ星の見どころのひとつになっており、まさに地域全体がサービスに参加しているといえます。

海女小屋体験のはちまんかまどでは、海女が三重県のブランドとなるまでになり、海女文化が地域の自信と誇りとなって、地域からの応援者や協力者が増えています。

食べる通信は、その志や取り組みに共感し、心を打たれた読者が応援者になり、さらにはサービス運営側に回って、食べる通信の展開を担うまでになっています。これを代表の高橋氏は、「舞台の上に上ってきていただける」のだといいます。

このように、顧客や地域から応援されているという成果実感が、サービスを磨き上げる原動力にもなるのです。

「クイックヒット」と「スモールサクセス」で成果を積み上げる

価値のある成果指標について理解できても、目標とする成果が得られるまでに時間がかかってしまうことはよくあります。顧客満足度の向上や受注・リピートオーダーや顧客紹介の増加、客数や売上、利益の向上など、経営に貢献するような成果がすぐに得られるとは限りません。だからといって成果が出るのを待っていたら、その前に活動のモチベーションが下がって取り組みが終息してしまいます。そこで、ひと工夫が必要です。

取り組みを進めてみると、目標とする成果が表れる手前で、必ず小さな変化や成果がたくさん生まれてきます。たとえば、相談件数の増加のように定量的に評価できるものもあれば、顧客からの感謝の言葉や活動メンバーの感想のような定性的なものもあります。これらは、目標とする成果の手前にある「スモールサクセス」といえます（図表22左）。優れたサービスの実現の先行指標として、どのようなスモールサクセスが生まれてくるのかを明確にして、それを積極的に評価・フィードバックすることで、比較的短期間で成果実感を得ることができるのです。

また、すぐに成果につながりやすい施策に優先的に取り組むのもいいでしょう。これを「クイックヒット」といいます（図表22右）。数ある施策を、「効果度」と「実現可能性」の高さで優先順位をつけると、すぐに実現できて効果の高い、クイックヒットに相当する施策が見つけられます。短期間のうちにわかりやすい成果を生み出すことができれば、社内のやる気に火をつけることができます。

継続の壁を乗り越えるには、具体的にどんな成果に価値があるのかを〝先に〟見定め、その成果実感を得ながら取り組みを進めることです。先に決めた

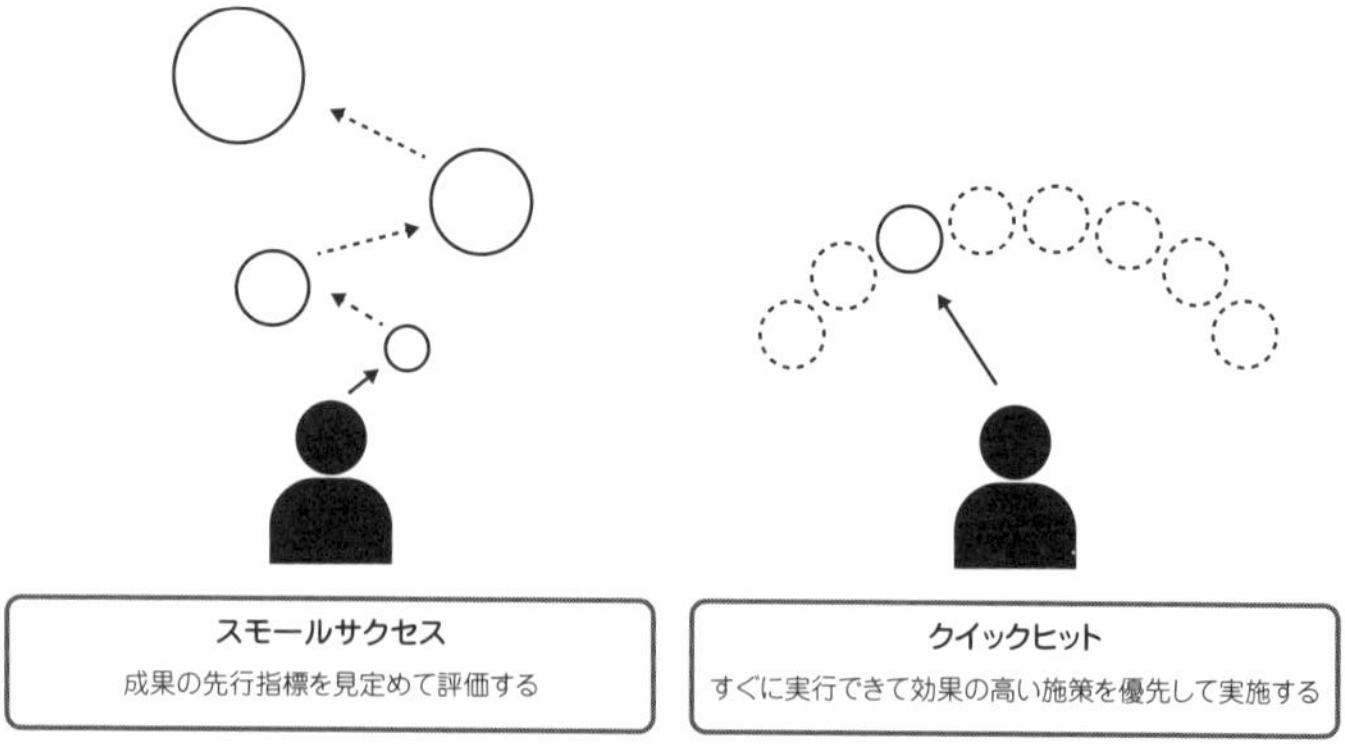
スモールサクセス
成果の先行指標を見定めて評価する
クイックヒット
すぐに実行できて効果の高い施策を優先して実施する

図表22 「クイックヒット」と「スモールサクセス」

成果目標の通りに成果が生まれてきたときの成果実感は、後づけで成果を整理するものとは雲泥の差があります。もちろん、実践してみないとわからない成果もありますが、スモールサクセスも含めて、想定できる成果は〝先に〟決めておき、その成果を積極的に測定して評価・共有することが効果的です。

終章

6つのポイントをスパイラルアップする

優れたサービスの磨き方

すべての受賞サービスを6つのポイントに当てはめる

本書では、選ばれ続ける優れたサービスを実現するための6つのポイントを事例とともにひも解いてきました。取り上げた事例は、業界やジャンルもさまざまですが、6つのポイントでひも解くことで、共通するポイントを炙り出すことができました。優れたサービスの事例を表面的に理解するよりも、多くの深い気づきや学びを得ることができたのではないでしょうか。

本書の事例は、第1回日本サービス大賞の受賞サービスの中でも、特徴的な部分に絞って取り上げてきました。では、受賞した31のサービスすべてを6つのポイントでひも解くとどうなるのでしょう。

ここで詳しく触れることはできませんが、筆者の私見でひも解いた一覧表を巻末に掲載します。本文で紹介しきれなかった事例がいくつもあるので、参考にしてみてください。

自社のサービスを６つのポイントに当てはめる

自社のサービスをどのように磨くべきかを考える際に、６つのポイントに当てはめて考えてみてください（図表23）。優れたサービスを実現するための全体像が見えてくるはずです。そして、６つのポイントの中で、抜けている視点やバランスの悪いところがあれば、そこが補強ポイントになります。６つのポイントを順にみてきましたが、すべてを俯瞰してみると、中心に据えた事前期待を軸にして、ひとつのストーリーが生まれてきます。自社のサービスを次のような観点で見返してみてください。

①　真ん中の事前期待の欄には、価値ある事前期待を据えることができていますか。

②　その事前期待に応えたいという熱い思いが、

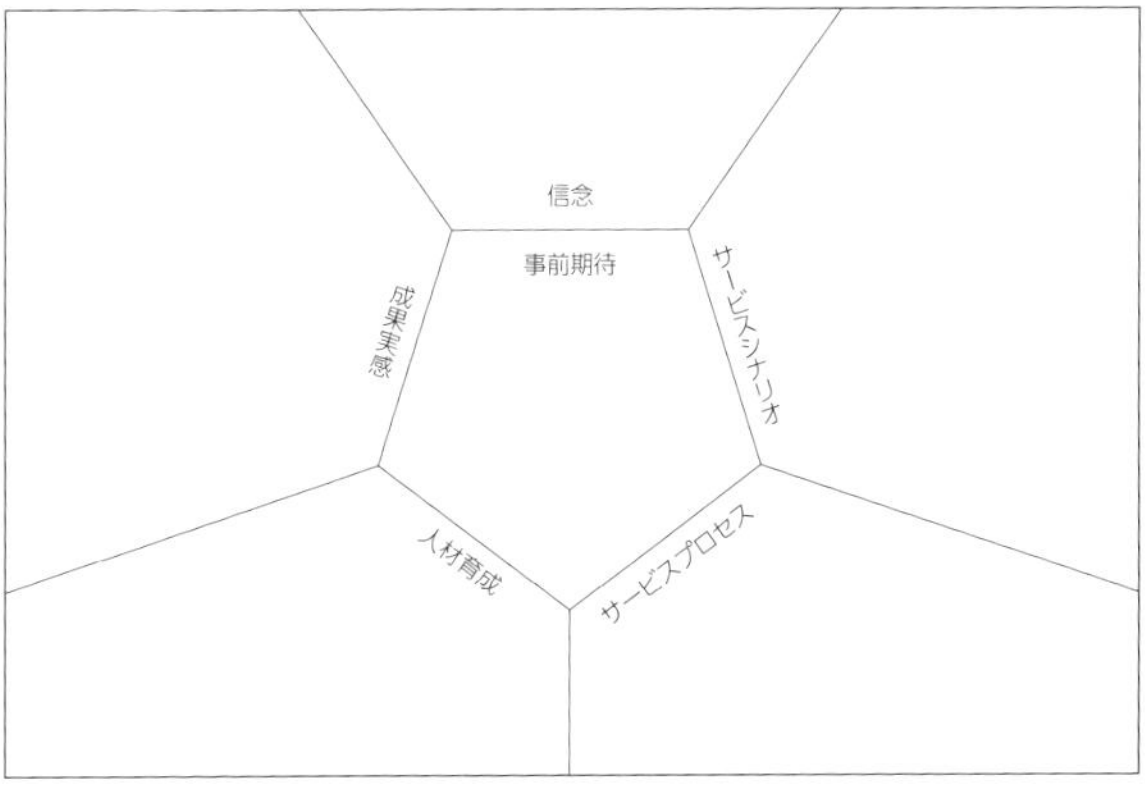

図表23　6つのポイントの記入シート

ビジョンや使命感や危機感を込めて、信念の欄に書かれていますか。

③事業期待に応えることが、事業成長にどのようにつながるのかをサービスシナリオとして明確に描けていますか。

④組み立てたサービスプロセスは、事前期待に応え、サービスシナリオを実現できるものになっていますか。

⑤サービスの在り方を込めてサービス人材が定義され、その人材の育成や組織としてのサポートはできていますか。

⑥事前期待に応えることで生まれる成果を、スモールサクセスも含めて実感できるように見据えることができていますか。

スパイラルアップの2つの方法

この6つのポイントはそれぞれが独立しているのではなく、要素同士が関わり合っています。優れたサービスを実現するためには、これらを繰り返しスパイラルアップすることが重要です（図表24）。

スパイラルアップの方法は2つあります。1つめは、腰を据えて一つひとつのポイントに取り組むというものです。トップダウンで大きなサービス改革を進める場合に適しています。この場合、6つのポイントの取り組みを一回転させるのに数年かけることも少なくありません。

ある企業では、数年もの歳月をかけてサービス事業モデルを変えるような改革に取り組み、大きな成果を挙げました。どうして数年も粘り強く取り組みを継続できたかをその企業の経営者に尋ねたところ、「メンバーの情熱と、彼らが描いたサービスシナリオを信じてまかせようと思った」とおっしゃっていました。その結果、実践が始まって2年後、急にシナリオ通りの成果が出てきたのです。今では業界の内外からベンチマークの対象となり、多くの企業が

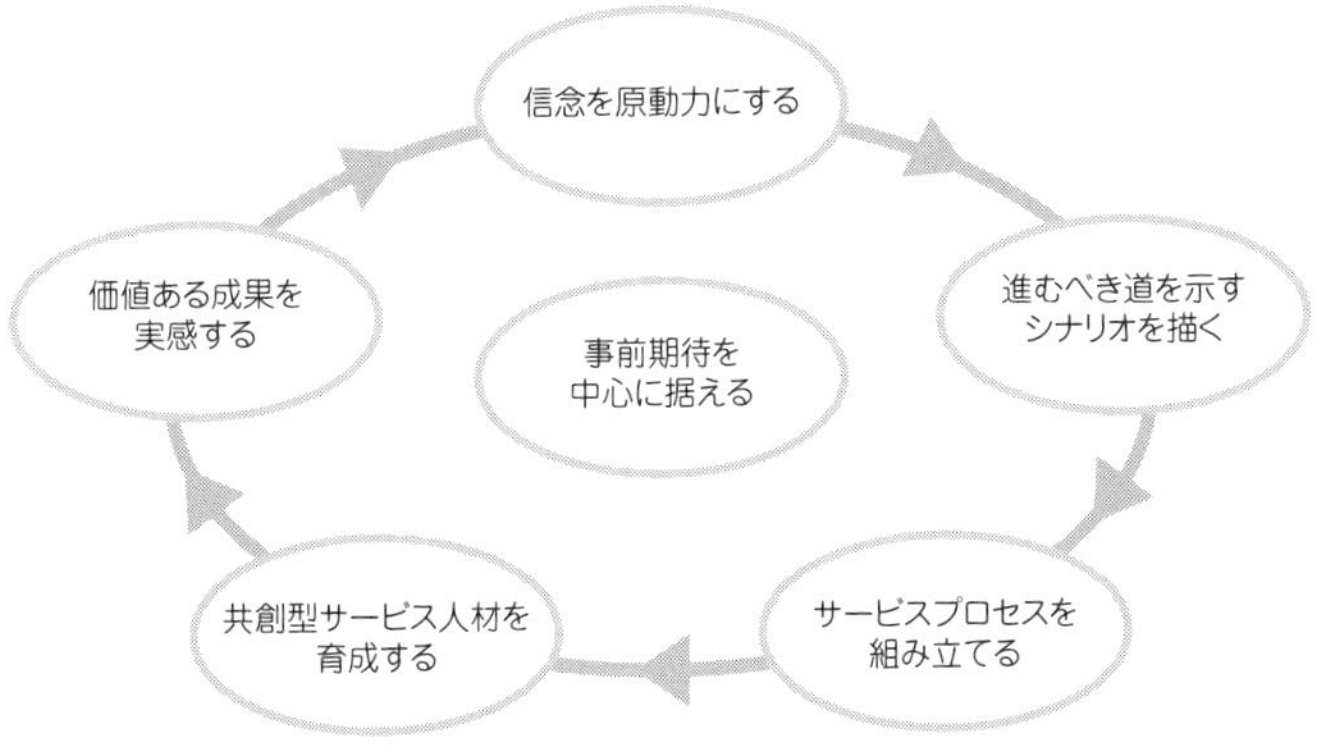

図表24　6つのポイントのスパイラルアップ

見学に訪れるまでに成長しています。

このように、経営トップのバックアップをもとに、大きくじっくり進めるスパイラルアップでは、途中で進むべき道を見失わないために、サービスシナリオをしっかりと描いておくことが重要です。

一方で、成果は小さくても素早く結果を出さなければならないこともあります。サービスの現場において、限られたリソースと時間の中で成果が求められることが、実際には多いものです。そこで有効なのが、2つめのスモールスパイラルアップです。これは、短期間で6つのポイントを何度もスパイラルアップするやり方です。成果実感を優先しながら、徐々に仲間を増やし、サービス事業全体を改革するような取り組みに発展させていきます。早いところでは2~3カ月ほどで6つのポイントにライトに取り組んで、成果を挙げています。成果が出ることで、別の部署へ活動が展開されたり、その先のテーマに発展して、活動が拡大していきます。このように、スパイラルアップを意識して取り組むことで、時間とともにサービスが磨き上がり、競合他社との差をつけて、顧客の評価を高められるような取り組みを進めることができるようになります。

日本の優れたサービスが注目される時代に

日本サービス大賞が始まり、さまざまな業界の優れたサービスにスポットライトが当たるようになってきました。日本にはまだまだ優れたサービスがたくさんあります。これからますます多くの日本の優れたサービスが生まれ、世界中から注目されるようになることでしょう。これまではどちらかといえば、海外のサービスの成功事例に注目して学ぶことが多かったように思います。その中で、日本のサービス事業者たちは気づいています。成功事例を表面的に学んでも、その本質に迫らなければ、役立つヒントは得られないこと。今度は自分たちが成功事例にならなければならないこと。今まさに、そのときがきています。本質をとらえてサービスを磨くことで、優れたサービスの成功事例として注目が集まるサービスが増えています。日本のサービス同士が本質をとらえて学び合い、磨き合うことで日本経済をもっと元気にする。日本が優れたサービス大国になる日は近いと思います。

あとがき

最後までお読みいただき、誠にありがとうございます。

本書では、サービスの本質的な考え方とともに、私たちなりの観点で優れたサービスの事例をひも解いてきました。私が社会人になりたての頃に、このサービスの本質論と衝撃的な出会いをし、その第一人者である諏訪良武氏に長年ご指導いただきながら、さまざまな出会いや経験ができたことが、サービス改革の世界に人生をかけようと決めるきっかけになりました。

このサービスの本質論を活かして、最初に在籍した会社の事業開発を進めたことが、仕事の醍醐味を知る原体験になっています。このとき、何度も「壁」にぶつかりながらも最後までやり抜けたのは、いつも勇気づけてくれた当時の上司である故・宮島譲治氏のおかげでした。また、これまでサービス改革の専門家として、さまざまな業界でサービス向上に熱心な方々とご一緒し、多くの気づきをいただきました。取り組みの「壁」の種類への気づきも、その中のひとつです。

あるとき、親しい大手サービス企業の役員の方から一冊の本をいただきました。そこには「在り方」という言葉がありました。「この取り組みは私の在り方そのものだと気づきました。

何としてもやり抜きます」と添えてくれました。このとき、サービスと自分自身の在り方が合致すると、壁にぶつかっても諦めない信念を持つことができるのだと感じました。同時に、在り方の実現にご一緒できると思うと、胸が熱くなったのを覚えています。この経験が本書の「信念」の章に通じています。そして2014年、本書の共著者の樋口氏から声をかけてもらい、サービス産業生産性協議会（SPRING）と出会い、本書執筆のきっかけとなる連載「CS向上を科学する」が始まりました。これを通して、業界を越えて日本の産業を「サービス」で、もっと元気にしたいという思いが芽生えました。

いま、サービス改革がさまざまな業界で加速しています。「サービスはお客様と一緒につくるもの」だからこそ、人や考え方との出会いが、サービスを大きく成長させるのだと思います。今後、日本のサービスが業界を越えて出会い、切磋琢磨することで、多くの優れたサービスが生まれてくることを楽しみにしています。

本書は、日本サービス大賞をどうしたら受賞できるかという観点ではなく、サービス向上に熱心な方々の思いを遂げるために、少しでもお役に立てればという一心で執筆しました。読者のみなさまにとって本書との出会いが、少しでも良いきっかけになりましたら幸いです。

松井拓己

事例からサービス向上のポイントをひも解くにあたり、受賞サービスの優れている点を私たちなりに本書の6つの要素に当てはめてみる作業から取りかかりました。ひとつの事例でも視点の違いでサービスの切り取り方も大きく変わります。特に各受賞サービスのどの点に着目してどの要素で解説に落とし込むかについて、共著者の松井氏とはかなりの時間をかけて議論を重ねてきました。その過程はお互いも気づいていなかった発見の連鎖で、サービスの奥深さを再認識することができました。読者の皆さまも自社のサービスをこの6つのポイントに分けて整理して見つめなおすことで、自社の強みや弱いところが浮かび上がり、サービス向上の方向性が見えてくるのではないでしょうか。活用いただけると嬉しいです。

世界に誇れる日本の優れたサービスにスポットライトを当て、日本経済のさらなる活性化の下支えの一助にしたい、という思いで関係者の皆さんと共に創設した「日本サービス大賞」ですが、本書の執筆は、私にとって本賞を改めて振り返り、日本のサービスの良さを再確認する貴重な機会となりました。ITサービスの一企業に従事する私がこのようなサービス産業全体の取り組みに関わらせていただいたことは大変光栄であり、このような機会を与えてくださった関係者の皆さまに感謝申し上げます。

日本サービス大賞は第1回というスタートをきったばかりですが、今後継続・発展し、サービス事業者の参考となる優れたサービスのベストプラクティスを数多く発見・展開できる場となっていくことを期待しています。
２０１７年には第2回の募集が始まります。また新たな感動サービスに巡り合えることをとても楽しみにしています。

樋口陽平

謝辞

本書で解説してきたサービスの理論は、長年にわたり諏訪良武氏から伝授いただいたことがベースになっています。諏訪氏のサービスの本質への探究への取り組みに影響を受け、進んできた結果、今の私たちがここにいます。この場を借りて感謝申し上げます。

日本のサービス産業界の発展への高い志の中、日本サービス大賞の創設を指揮し、第1回の表彰まで成功に導いていてくださった、サービス産業生産性協議会（ＳＰＲＩＮＧ）の代表幹事を務められた故・秋草直之氏（富士通・顧問）へのお悔やみと心よりの感謝を申し上げます。

本書の事例掲載や追加取材をさせていただいた受賞事業者の皆様、日本サービス大賞の創設から運営までご尽力いただいた、野中郁次郎様、妹尾大様、佐藤正春様、西原文乃様、山田淳子様、小川恭平様、上原俊樹様、関係者の皆様、サービス産業生産性協議会の野沢清様、湯浅勝浩様、加茂大輔様、末吉玲子様、長田亮様、富張由香様、日本生産性本部の皆様、松井の前職でのキャリアや独立を支持してくださった松林光男様、川上正伸様、渡部弘様、本書の執筆に至るまでに私たちに大きな影響やチャンスを与えてくださった、上嶋裕和様、谷口典彦様、窪田隆一様、柴崎辰彦様、各種サービス研究会の皆様にも御礼いたします。

今回の執筆の機会を与えてくださり、企画段階から編集・校正に至るまで多くのアドバイスやきめ細やかなサポートをしていただいた生産性出版の村上直子氏、米田智子氏のお二人もありがとうございました。

最後に、本書の執筆にあたり、負担をかけたにもかかわらず、最後まで書き上げるのを支え続けてくれた私たちの家族に、「いつもありがとう」の感謝の言葉を贈りたいと思います。

※筆者の私見に基づく分類です。

サービスシナリオ	サービスプロセス	人材育成	成果実感
世界一のクルーズトレイン	出発前にすでに感動が生まれている	経験やスキルを捨てることから始まるクルーの育成	地域から応援される
動物園の在り方を180°変える「行動展示」	飼育員にしかわからない「動物らしさ」を展示する	現場の主体性を高める合議制	顧客に喜んでいただく成功体験
都市部の消費者と生産者をつなぐ	食べ物つき情報誌とコミュニティ形成	読者が編集員となり新たな食べる通信を展開	読者が地域に足を運び関わり合いが増える
中小メーカーと小売店をつないでビジネス機会を創出	マッチング+手間とリスクの代行	全社員の当事者意識とお客様の感動を意識	右肩上がりの会員数と高いリピート率
家づくりを物語に	木を選んで切ることから始まるお客様参加型の家づくり	突破力を養う	顧客と感動場面をともにする
海女を地域ブランドに	海女の人柄・仕事・文化に触れる	顧客接点を持つことでの海女の意識改革	顧客・自身・事業・地域への成果実感
学校司書の存在価値を高める	活性化度に応じた7段階のプログラム	理論と実践事例に裏づけられた研修	学校司書配置率・定着率の劇的な向上
持続可能で誰も犠牲にならないへき地医療	診療所と在宅医療の融合	都市部の医師の当番制モデル	本来の「医師のありかた」を再認識できる場
地域に根差した多彩なバスツアー	路線バスと観光地の空き枠を活用したツアーメニュー	地域の観光スポットとの連携	利用者の増加と地域への送客貢献
ワンストップ・ワンファクトの地域包括ヘルスケア	統合電子カルテとサービスセンターの連携	サービスセンターを司令塔に関係者をつなぐ	サービス利用率向上
エデュケア(Education+Care)	時間と相性でナニーをマッチングするしくみ	ノーランドカレッジと提携した研修	個人指名で依頼を受ける喜び
顧客と身内になれる移動型スーパー	地域と共存・共栄するサービスルール	販売パートナーのノウハウを共有するしくみ	生活のコンシェルジュとして頼られる存在に
“給食の先生”と呼ばれる食育	日本食文化を取り入れた体験型の食育	考食師の養成	子どもの成長実感、園の入園希望者の増加
日本の農水産品のおいしさを世界に届ける	アジア各地に翌日配送するしくみ	国や自治体との連携協定	中小事業者の海外との直取引の増加
ES・CS・SSの好循環スパイラル	患者と病院の間に立ち、患者の声をサービスに活かす	「全員経営」の職員の自律意識	人に紹介したい病院
罪悪感を感じない時短料理	あえてひと手間かける献立キット	全社員が利用者の声を直接聞きに行く	働く女性の強い支持
宅配クリーニングと店舗型クリーニングの融合	ブランドは統一、業務は分散	地域の優良クリーニング店を組織化	利用者の利便性向上
日本流エデュテインメント	こどもが自ら考えて行動するサービス設計	得点型人材評価でスターを生み出す	「感動した」に着目した顧客からの得点評価

第1回日本サービス大賞の受賞サービス　6つのポイント一覧

賞	サービス名　事業者	事前期待	信念
内閣総理大臣賞	クルーズトレイン「ななつ星in九州」 **九州旅客鉄道株式会社**	想いをめぐらせ、 新たな人生にめぐり逢う旅	九州を世界に発信する
地方創生大臣賞	動物の本能を魅せる「行動展示」 **旭川市旭山動物園**	動物本来の魅力を 発見したい	閉園の危機を乗り越える
	食べ物つき情報誌「食べる通信」 **一般社団法人日本食べる通信リーグ／特定非営利活動法人東北開墾**	都会で暮らす中でも 生存実感を得たい	食を通して社会を変える
	卸·仕入れサイト「スーパーデリバリー」 **株式会社ラクーン**	立地に依存せずに ビジネス展開したい	企業間取引インフラの 創造者でありたい
	家づくりを物語に「工房信州の家」 **株式会社フォレストコーポレーション**	感謝と誇りの家づくり	日本の家づくりの価値観を 再認識してほしい
	海女小屋体験「はちまんかまど」 **有限会社兵吉屋**	他では味わえない 地域文化に触れたい	海女文化の継承と 地域への貢献
	学校図書館運営サポートサービス **株式会社リブネット**	学校図書館をもっと 活性化したい	学校図書館活用による 教育の質の向上
	在宅医療により地域を再生するへき地医療サービス **医療法人ゆうの森**	この地域、この家で 最期まで暮らしたい	「最期まで住み続けられるまち」の実現
	公共交通で旅を創る「日帰りバス旅」 **九州産交バス株式会社**	ちょっとした空き時間に 旅したい	地域観光の活性化と バス事業の黒字経営
総務大臣賞	“恵寿式”地域包括ヘルスケアサービス **社会医療法人財団董仙会恵寿総合病院**	医療・介護にまたがる 利用の負担を減らしたい	医療と介護の境目を なくす
厚生労働大臣賞	「ポピンズナニーサービス」 **株式会社ポピンズ**	安心して子どもを 預けたい	最高水準のエデュケアで 社会に貢献
農林水産大臣賞	社会貢献型移動スーパー「とくし丸」 **株式会社とくし丸**	生活の頼れる存在が 欲しい	買い物難民救済と、 地域経済の活性化
経済産業大臣賞	子どもたちに食文化を伝える「考食師」による給食サービス **株式会社ミールケア**	生きる力を引き出す食育	日本食文化を伝え、 正しい子どもの舌を創る
国土交通大臣賞	「国際クール宅急便」 **ヤマト運輸株式会社**	日本の食材を鮮度よく 海外に届けたい	日本の生産者の販路を 拡大したい
優秀賞（SPRING賞）	人間尊重の医療サービス **医療法人財団献心会川越胃腸病院**	患者の立場にたった 心温かな医療サービス	医療は究極のサービス業
	プレミアム時短献立キット「Kit Oisix（きっとおいしっくす）」 **オイシックス株式会社**	料理の手抜きへの 罪悪感を払拭したい	働く女性を応援したい
	宅配クリーニング「リアクア」 **株式会社喜久屋**	安心できる宅配 クリーニングを使いたい	クリーニング業界全体の 活性化
	こどもの職業・社会体験施設「キッザニア」 **KCJ GROUP 株式会社**	こどもが楽しみながら 成長する	こどもたちに本物に 極めて近いお仕事体験を

サービスシナリオ	サービスプロセス	人材育成	成果実感
お客様の玄関が セブンイレブンに	コンビニのインフラを活かした サービスデリバリー	地域に貢献したい シニア人材を活用	コンビニオーナーの 地域貢献実感
日本らしさ、際立つ個性、 寄り添う心	顧客の期待を可視化して サービス強化	全グループ社員で サービス改善	世界最高評価の 「5スター」の獲得
事後対応ではなく事故を 未然に防ぐ	見える、わかる、ほめる工夫で ドライバーがサービスに参加	事故情報やノウハウの 組織的な蓄積と活用	事故削減効果
「カラダのキモチ」に 寄り添うライフサポート	体と心の状態に応じた ライフスタイルを提案	事業会社が強みを 持ち寄る連携組織	利用者の増加、 ヘルスチェック利用率増加
病児を抱える女性の “働く”を諦めさせない	100%保育士を派遣できる しくみによる安心感	余裕ある人員配置で 相互フォローや相互教育	利用者から保育者に対する 毎回の直接フィードバック
お客様目線の改革	3ない3レスと 顧客接点の拡大	ブランド評価制度／ 女性の声を積極活用	お客様対応業務が 6割に増加
日本流クラウドファンディング 事業モデルの展開	少額から募り、モノや権利で リターンする日本流のしくみ	サービス改善専任部隊を 設置	3000件以上の支援実績
楽しさと大変さを 体感する農業体験	閑散期、遊休地、人手不足 を活かすサービス設計	農家と消費者をつなぐ 「農ディネーター」になる	おうみ産農作物のブランド 向上と農家の活性化
クリーニングの 駆け込み寺	衣服を患者に見立てた サービス設計	スタッフの暗黙知を形式知化 して人材を評価・育成	高価な料金でも 利用者が増え続ける
何を置くかではなく、 いかに身内になるか	コミュニケーションを重視した 定期的なオフィス訪問	顧客接点最大化のための ノウハウのしくみ化	12万件以上の実績
日本を好きになってもらう サービスで差別化	お客様の「あったらいいな」 を徹底的に実現	人事評価せず、現場に 権限移譲できる環境	高い評判と口コミ／ 宣伝なしで稼働率95%超
しくみで失点をなくし、 人で得点を増やす	Lohas（健康でエコ） な宿泊体験	“自律型感動人間”の育成	顧客満足度調査で トップレベルを維持
事業性を妥協しない 認可保育園	24時間365日の院内保育	園長へのキャリアアップ制度、 ローテーション	周囲の自治体の 待機児童の解消

賞	サービス名　事業者	事前期待	信念
優秀賞（SPRING賞）	セブン-イレブンのお届けサービス「セブンミール」 **株式会社セブン-イレブン・ジャパン**	もっときめ細かく必要なものを届けてほしい	買い物難民や高齢者を孤立させない
	価値向上し続けるおもてなしの航空輸送サービス **全日本空輸株式会社**	ワクワク感や日本らしさを感じるおもてなし	日本の魅力を海外に発信
	企業向け安全運転支援サービス「スマイリングロード」 **損害保険ジャパン日本興亜株式会社**	自社のドライバーに安全運転させたい	損保会社として事故を減らしたい
	女性の体と心のサポートサービス「カラダのキモチ」 **ドコモ・ヘルスケア株式会社**	女性特有の心身の健康不安を減らしたい	女性の体と心の健康促進をサポート
	訪問型病児保育サービス **特定非営利活動法人フローレンス**	突然の子どもの病気でも安心して預けたい	「37.5℃の壁」に苦しむ母親を救う
	「3ない」で進化した店舗サービス **株式会社りそなホールディングス**	ストレスフリーに利用したい	我々はサービス業である
	クラウドファンディングサービス「READYFOR」 **READYFOR株式会社**	夢への一歩にチャレンジしたい	誰もがやりたいことを実現できる世の中に
	1日農業者体験サービス「青空フィットネスクラブ」 **おうみ冨士農業協同組合**	楽しみながら野菜の収穫体験をしたい	農業を通して地域の活性化をしたい
	「ハッピーケアメンテサービス」 **株式会社ハッピー**	諦めていた汚れを落として、好きな服を長く着続けたい	“着だおれ”精神の継承
	働く人を応援する置き菓子サービス「オフィスグリコ」 **江崎グリコ株式会社**	オフィスで気軽に息抜きしたい	「置き」市場を開拓する
	日本の素晴らしさを伝える「道頓堀ホテル」 **株式会社王宮**	日本の文化やおもてなしを体験したい	世界中の方に日本を好きになってほしい
	日常の感動のLohasサービス **株式会社スーパーホテル**	安全・清潔・ぐっすり眠れるホテル	人と環境に優しい感動サービスを提供する
	利用者満足を追求する保育事業～相手の立場に立てるかの追求～ **株式会社アイグラン**	安心して子どもを預けたい	保護者から選ばれ続ける保育園に

【著者紹介】

松井拓己　（まつい　たくみ）

松井サービスコンサルティング　代表・サービスサイエンティスト

1981年、岐阜県生まれ。サービス改革の専門家として、業種を問わず数々の企業を支援。国・自治体・業界団体の外部委員・アドバイザー、東京工業大学の非常勤講師、日本サービス大賞の選考専門委員、サービス学会の理事、学奨財団の顧問、企業の社外取締役を兼務。業種を越えたサービスの専門家としてメディア取材を受けるなど、さまざまな方面で活動。代表著書に「日本の優れたサービス」シリーズ、「価値共創のサービスイノベーション実践論」などがある。

株式会社ブリヂストンで事業開発プロジェクトリーダー、約170名の専門家が集うワクコンサルティング株式会社の副社長およびサービス改革チームリーダーに従事した後、現職。

樋口 陽平　（ひぐち　ようへい）

富士通株式会社

グローバルサービスインテグレーション部門

ビジネスマネジメント本部 マネージャー

2013年に同社よりサービス産業生産性協議会（SPRING）に出向し、サービス産業のベストプラクティスの収集・普及展開活動に従事。「日本サービス大賞」のプロジェクトリーダーとして創設に向けた企画立案・制度設計を行い、「第1回 日本サービス大賞」の運営を主導。（役職は初版発行当時）

サービス産業生産性協議会（SPRING）

サービス産業生産性協議会（SPRING：Service PRoductivity & INnovation for Growth）は、サービス産業の生産性向上を通じ、わが国経済の持続的な成長を図っていくことを目的として、2007年に公益財団法人日本生産性本部が設立した組織です。2015年に創設した日本サービス大賞、JCSI（日本版顧客満足度指数）調査、ベストプラクティスの普及広報、業務の仕組み化や次世代経営人材育成の支援など、産官学が連携し、国民運動として推進するためのプラットフォームの役割を果たしています。

参考文献

『顧客はサービスを買っている』 諏訪良武著（２００９年 ダイヤモンド社）
『いちばんシンプルな問題解決の方法』諏訪良武 著（２０１０年 ダイヤモンド社）
『サービスサイエンスによる顧客共創型ＩＴビジネス』諏訪良武／山本 政樹 著（２０１５年 翔泳社）
『サービスの価値を高めて豊かになる』諏訪良武 著（２０１６年 リックテレコム）
『ツボにはまる店 ドツボにはまる店』佐野裕二 著（２００８年 ダイヤモンド社）
『サービス・マネジメント』カール・アルブレヒト／ロン ゼンケ 著 和田正春 訳（２００３年 ダイヤモンド社）
『サービス・マネジメント入門 第3版』近藤隆雄 著（２００７年 生産性出版）

日本の優れたサービス

選ばれ続ける6つのポイント

2017年5月31日　第1版　第1刷
2024年4月15日　　　　　第4刷

著　者　松井 拓己　樋口 陽平
発行者　髙松 克弘
発行所　生産性出版
〒102-8643　東京都千代田区平河町2-13-12
日本生産性本部
電　話　03(3511)4034

印刷·製本　サン
カバー&本文デザイン　サン

ISBN 978-4-8201-2065-0